Jasmin Jost

Wir erobern den Zahlenraum bis 20

Fördermaterialien zum sicheren Erwerb von Rechenstrategien

Persen Verlag

Die Autorin:
Jasmin Jost ist Sonderschullehrerin und arbeitet mit Förderschülern und rechenschwachen Grundschulkindern. Außerdem ist sie in der Fortbildung von Lehrern und Erziehern tätig.

Gedruckt auf umweltbewusst gefertigtem, chlorfrei gebleichtem
und alterungsbeständigem Papier.

1. Auflage 2008
© Persen Verlag GmbH, Buxtehude

3. Auflage 2013
© Persen Verlag, Hamburg
AAP Lehrerfachverlage GmbH

Das Werk als Ganzes sowie in seinen Teilen unterliegt dem deutschen Urheberrecht. Der Erwerber des Werkes ist berechtigt, das Werk als Ganzes oder in seinen Teilen für den eigenen Gebrauch und den Einsatz im Unterricht zu nutzen. Die Nutzung ist nur für den genannten Zweck gestattet, nicht jedoch für einen weiteren kommerziellen Gebrauch, für die Weiterleitung an Dritte oder für die Veröffentlichung im Internet oder in Intranets. Eine über den genannten Zweck hinausgehende Nutzung bedarf in jedem Fall der vorherigen schriftlichen Zustimmung des Verlages.

Illustrationen: Sandra Schmidt, Dietmar Jost
Satz: MouseDesign Medien AG, Zeven

ISBN 978-3-8344-3485-2

www.persen.de

Inhalt

Vorwort 4

Nichtzählende Rechenstrategien 6

Notwendige Voraussetzungen 8

Die 10 Übungsbereiche 9

Benötigtes Material zur Eroberung des Zahlenraums bis 20 11

10 Übungseinheiten zur Eroberung des Zahlenraums bis 20

1. Kennenlernen des Zahlenraums bis 20 (kurze Wiederholung) 11
2. Einfache Additions- und Subtraktionsaufgaben 31
3. Schritt-für-Schritt-Aufgaben 45
    Vorbemerkung zu den folgenden Strategien 51
4. Neuner-Trick 52
5. Minusaufgaben durch Ergänzen lösen 57
6. Fünfer-Trick 62
7. Verdoppeln und Halbieren 75
8. Strategien nutzen lernen 83
9. Lösen von Platzhalteraufgaben 91
10. Übungen zur Automatisierung 97

Anhang
Zehnerschiffchen 99
Stellenwertkarten 100
Mengenbilder 102
Zahlkärtchen 105
Lernprotokoll 110

Vorwort

Wir erobern den Zahlenraum bis 20 – Mithilfe von strukturierten Mengendarstellungen nicht zählende Rechenstrategien erwerben

Nachdem im Band 1 Fördermöglichkeiten und Anregungen für „die Eroberung des Zahlenraums bis 10" beschrieben wurden, möchte ich in diesem zweiten Band Möglichkeiten aufzeigen, wie Sie Ihre Schüler beim Begreifen des Zahlenraums bis 20 erfolgreich unterstützen können.

Die Automatisierung des Zahlenraums bis 20 ist das nächste wichtige Ziel im Mathematikunterricht, um das Arbeitsgedächtnis zu entlasten und „Energie" frei zu haben für das Bearbeiten komplexerer Aufgaben. Die **Würfelbilddarstellungen** mit Berücksichtigung der Fünfer- und Zehnerstrukturierung werden dabei weiter als **wichtige Anschauungshilfe** eingesetzt, damit „der innere Bildschirm" Ihrer Schüler Vorstellungsbilder von den Zahlen und Rechenoperationen im Zahlenraum bis 20 entwickeln und abspeichern kann. Auch im Zahlenraum bis 20 arbeite ich ganz bewusst mit den bekannten Würfelbildern, die durch die Zehnerstangen ergänzt werden.

Um einen Lerninhalt gut vermitteln zu können, ist es für mich sehr wichtig, von der Methode persönlich 100% überzeugt zu sein, um im Unterrichtsalltag gut damit zurechtzukommen. Auch sollte der Lerninhalt für Eltern nachvollziehbar sein. Deshalb habe ich, wie im ersten Band bereits erwähnt, aus verschiedenen Konzepten (s. Prof. Preiß, Prof. Gerster, Dr. Andrea Schulz) die für meinen Unterricht hilfreichsten Methoden miteinander verknüpft.

Auch ein ständiger Austausch über die Wirksamkeit einer bestimmten Methode für jeden einzelnen Schüler sowie mögliche individuelle Veränderungen und Ergänzungen sind unerlässlich. Deshalb stellt auch dieser zweite Band lediglich eine „Momentaufnahme" der aktuellen Arbeitsweise dar und erhebt keinerlei Anspruch auf Perfektion!

Ich bin sehr dankbar darüber, in Frau **Frieda Schnebele**, die eine lerntherapeutische Praxis in Karlsbad leitet, eine Person zu haben, mit der ich mich regelmäßig über notwendige Ergänzungen oder/und Veränderungen im Therapeuten-/Lehrerverhalten austauschen kann.

Dieser zweite Band ist auf der Grundlage eines Anleitungsheftes für Eltern, Therapeuten und Lehrer entstanden, das Frau Schnebele und ich gemeinsam entwickelt haben.

Das Piratenthema wurde auch für diesen zweiten Band aufgegriffen, da es auf motivierende und spielerische Art vielfältige Möglichkeiten bietet, mit Mengen („Edelsteine, Geld- und Goldstücke") zu „handeln". Dabei möchte ich wiederum betonen, dass ein derartiges Rahmenthema trotz seines hohen Motivationscharakters nicht die Auseinandersetzung mit alltäglichen Fragestellungen, das Aufgreifen von mathematischen Fragestellungen aus der direkten Umwelt des Kindes ersetzen kann. **Vielmehr geht es darum, die als „Piraten" gewonnenen Einsichten und Erkenntnisse in unser Zahlensystem für die Bewältigung alltäglicher Fragestellungen nutzen zu lernen.**

Das Thema Piraten ist dabei auch kein „Muss", sondern kann durch alternative kindgerechte Modelle zu den Piratenschiffen, wie bspw. einen Bus oder eine „Eisenbahn", ersetzt werden – je nach Interesse und Entwicklungsstand Ihrer Klasse. Ich habe das Thema Piraten deshalb

Vorwort

zurückhaltender bearbeitet als im ersten Band. Die auf den Kopiervorlagen dargestellten Piratensymbole müssten dann allerdings durch andere ersetzt werden.

Auch in diesem Band bin ich wiederum darum bemüht, Ihnen Möglichkeiten aufzuzeigen, wie man verschiedene Sinneskanäle mit in den Unterricht einbeziehen kann, um die Zahlen und Rechenoperationen auf vielfältige Weise abzuspeichern und den Zahlenraum bis 20 zu begreifen.

Herr Schummel wird nach wie vor sein „Unwesen" treiben und damit für Denkanstöße sorgen. Die Übungen und Spiele aus dem ersten Band, insbesondere die Blitzblickübungen, sind übertragbar auf den Zahlenraum bis 20. Auch einige Arbeitsblätter sind für die Gestaltung von Übungen im Zahlenraum bis 20 einsetzbar.Die Kopiervorlagen in diesem Anhang werden ebenfalls durch Blankovorlagen ergänzt, sodass Sie selbst wieder zusätzliche individuelle Übungsangebote für Ihre Schüler erstellen können.

Dieser Band ist sowohl für den Mathematikunterricht in der Förderschule als auch für die Förderarbeit mit rechenschwachen Grundschulkindern geeignet.

Nichtzählende Rechenstrategien und Kennbilder

In diesem Band werden verschiedene, sicherlich bekannte
Strategien (z. B. der „Fünfer-Trick" nach Prof. Gerster) vorgestellt,
die auf dem Weg zur Automatisierung aller Aufgaben bis 20 eine
große Hilfe bedeuten. Ihre Schüler werden dabei ganz individuell
unterschiedliche Strategien für sich als besonders hilfreich entdecken, während andere weniger oder gar nicht genutzt werden.
Grundlage zu einem besseren Verständnis bilden dabei die kon-
stanten Würfelbilddarstellungen, die Ihnen aus Band 1 bereits
bekannt sind und eine visuelle Stütze, einen „Anker" für Ihre
Schüler, darstellen. Sie sollen verhindern, dass Ihre Schüler die
Aufgaben zählend bearbeiten.

Da Lernen immer einen individuellen Prozess bedeutet, wird sicherlich nicht jeder Schüler in gleichem (Aus-)Maße mit den vorgegebenen Mengenbildern lernen. Wenn einzelne Schüler bereits ohne Mengenbilder und nicht zählend Aufgaben bewältigen, sollten Sie ihnen diese keinesfalls aufzwingen!

Auch für den Zahlenraum bis 20 gilt, Übungen auf allen drei Repräsentationsebenen (konkret, ikonisch, symbolisch) anzubieten, wobei der bildlichen Ebene als „Brücke" zwischen
der konkreten und symbolischen Stufe wiederum eine besondere Bedeutung zukommt.
Schwerpunkt der Kopiervorlagen ist die Darstellung der Rechenoperationen auf ikonischer
Ebene (Würfelbilder), um den Weg *zur reinen Vorstellung* immer wieder zu unterstützen.

Mithilfe der äußeren Anschauungshilfen in Form von Würfelbilddarstellung und dem didaktischen Dienes-Material sollen Ihre Schüler allmählich lernen, innere Vorstellungsbilder zu
Zahlen und den Rechenoperationen im Zahlenraum bis 20 zu entwickeln.

Die Mengenbilder sollen Ihren Schülern dabei helfen,
- die Zahlen bis 20 *als Mengen* zu begreifen,
- diese Mengen als Zusammensetzungen verschiedener kleinerer Mengen zu verstehen,
- im *größeren/höheren* Zahlenraum Gesetzmäßigkeiten zu entdecken,
- sich die verschiedenen Rechenstrategien vorzustellen und einzuprägen.

Endziel ist, wie für den Zahlenraum bis 10, dass Ihre Schüler
die Mengenbilder „auf ihrem inneren Bildschirm sehen" und mit
deren Hilfe nicht zählende Rechenstrategien anwenden können,
und zwar so, dass die äußere Darstellungshilfe überflüssig wird.
Auch die Aufgaben bis 20 sollen irgendwann „wie aus der Pistole
geschossen" beantwortet werden können.

Nichtzählende Rechenstrategien

Da Ihren Schülern die Mengenbilder für die Zahlen bis 10 bzw. bis 20 bereits bekannt sind (Band 1), können Sie an bestehendes Vorwissen anknüpfen. Die kennengelernte Struktur bleibt erhalten und ermöglicht deshalb eine Sicherheit und Orientierung. Zahlen können wiederum als Zusammensetzungen aus kleineren Teilmengen begriffen werden.
Ich habe aufgrund eigener Erfahrungen bewusst zunächst auch für die Einführung des Zahlenraums bis 20 die Würfelbilddarstellungen gewählt. Meine Schüler kommen mit dieser Darstellung sehr gut zurecht und haben später auch keinerlei Schwierigkeiten, die Würfelbilder in eine lineare Darstellung zu „übersetzen".
Sie werden merken, wenn die äußeren Anschauungen nicht mehr notwendig sind, weil Ihre Schüler gelernt haben, die Rechenoperationen auf ihrem „inneren Bildschirm" als Veränderungen an sinnvoll geordneten Mengen zu sehen.

Die Zahlen bis 20 werden nicht Schritt für Schritt, d.h. nacheinander eingeführt, sondern wie der Zahlenraum bis 10 auf einmal angeboten, wobei Ihre Schüler schnell Gemeinsamkeiten und Analogien zum Zahlenraum bis 10 feststellen werden. Das Interesse für größere Zahlen als 20 sollte keinesfalls gebremst, sondern aufgegriffen werden!

 Wichtiges Material

Einer-Würfel und Zehnerstangen

Vorteile:
Die Vorteile dieses didaktischen Materials wurden bereits im ersten Band ausführlich beschrieben. Insbesondere für das Rechnen im größeren Zahlenraum stellt das sog. Dienes-Material eine gute Anschauungshilfe dar, um das Stellenwertsystem zu „begreifen" und bspw. Analogien beim Rechnen zu entdecken.

Notwendige Voraussetzungen für die Eroberung des Zahlenraums bis 20

Ich bin bereit für die nächste Eroberung

Damit Ihre Schüler den Zahlenraum bis 20 erfolgreich erobern können, sind bestimmte Voraussetzungen notwendig, die sie beim Begreifen des Zahlenraums bis 10 erworben haben:

- Der Zahlenraum bis 10 sollte gesichert sein, d.h. Ihre Schüler sollten weitestgehend die **Grundaufgaben bis 10** beherrschen und automatisiert haben.

- Ihre Schüler sollten **verstanden haben, dass zwei Fünfer immer Zehn ergeben**. Nur wenn sie die „Doppelfünf" als Zehn verinnerlicht haben, können sie bspw. die in diesem Band vorgestellte Strategie des Fünfer-Tricks auch nutzen lernen und das Stellenwertsystem verstehen. So werden sie auch nicht zum Abzählen der einzelnen Würfel an Zehnerstangen verleitet (s. Band 1, Übungseinheit 5).

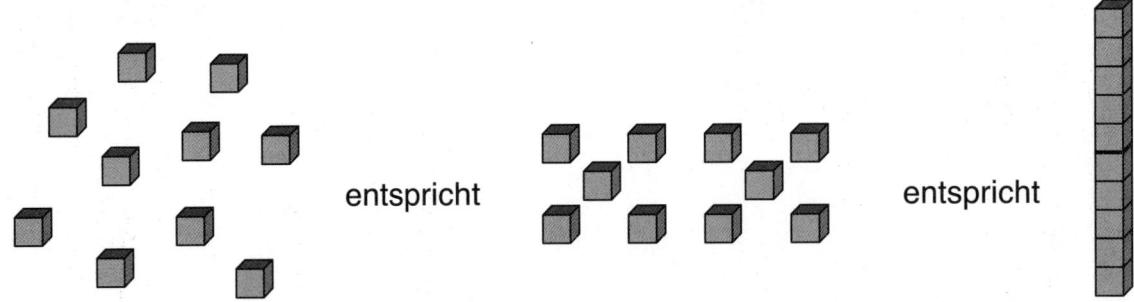

- Für die Aufgaben mit Zehnerübergang ist es wichtig, dass Ihre Schüler die **Zahlzerlegung von 10 beherrschen** und die sogenannten Passer-Zahlen (6–4, 3–7, usw.) kennen.

- Ihre Schüler sollten verstanden haben, was die **Symbole + und –** grundsätzlich bedeuten. Deren Bedeutungsunterschied wurde im ersten Band bspw. durch die Einführung von Schiff und Insel hervorgehoben. Ihre Schüler sollten eine Handlungsvorstellung zu Addition („etwas wird hinzugefügt") und Subtraktion („von einer Anfangsmenge wird eine Teilmenge weggenommen") entwickelt haben. Sind bestimmte Schüler diesbezüglich noch unsicher, ist es besonders wichtig, immer wieder Alltagsgeschichten aufzugreifen und diese mit dem didaktischen Material zu *handeln*.
Überprüfen Sie ebenfalls, ob die Zeichen > und < verstanden sind und korrekt umgesetzt werden können (z. B. bezüglich der räumlichen Lage).

Die 10 Übungsbereiche zur Eroberung des Zahlenraums bis 20

Da die einzelnen Übungsbereiche aufeinander aufbauen, empfehle ich, diese nach der folgenden Reihenfolge durchzuführen.

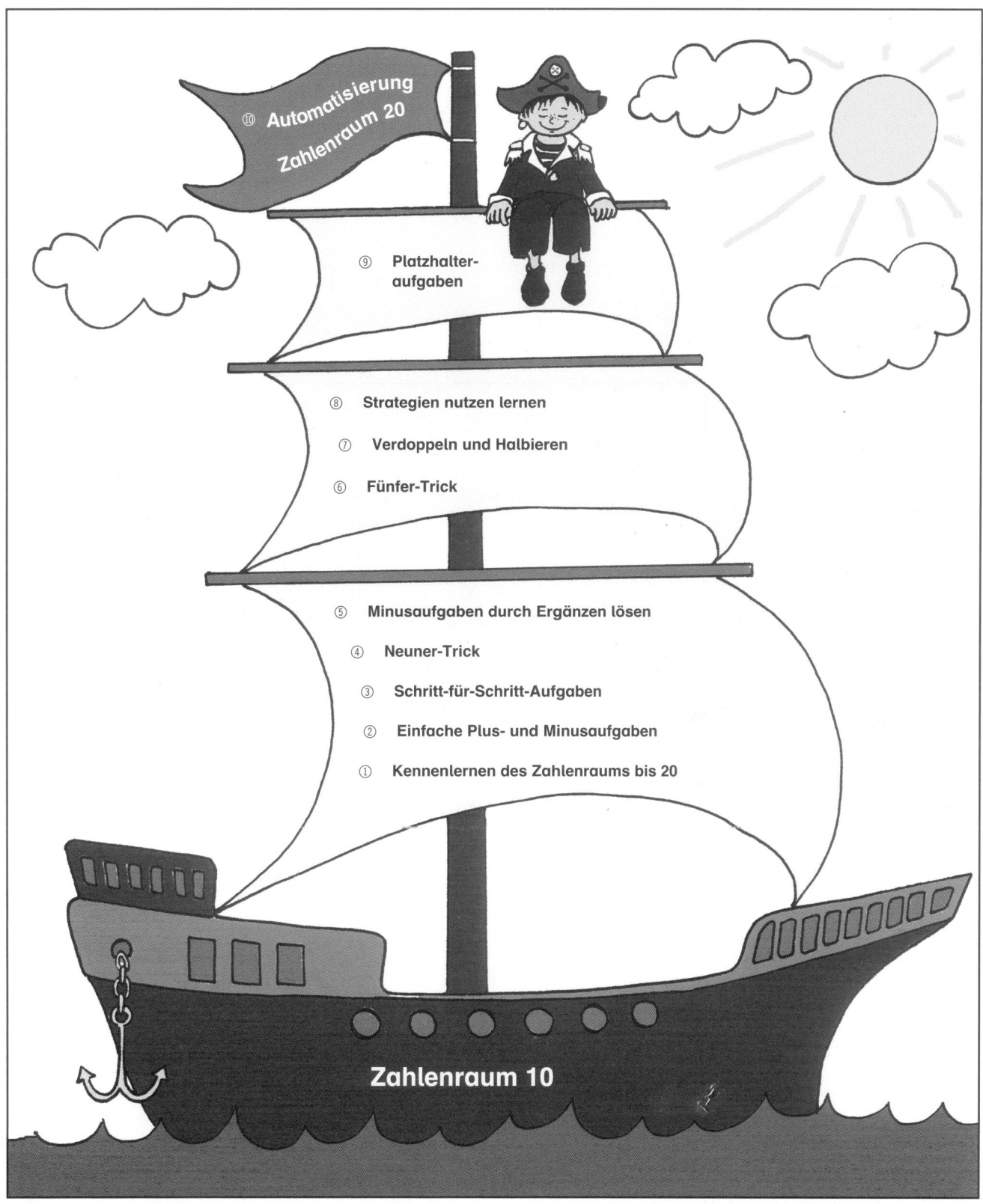

Die 10 Übungsbereiche

Nach einer kurzen wiederholenden Einführung der Kennbilder für die einzelnen Zahlen bis 20 werden Ihnen **verschiedene Strategien für das Bearbeiten der Aufgaben im Zahlenraum 20** vorgestellt. Diese „Tricks" werden für Ihre Schüler beispielsweise für das Lösen von Aufgaben mit Zehnerüberschreitung eine große Hilfe sein.

Viele Aufgaben können auf unterschiedliche Art gelöst werden (die Aufgabe 6 + 6 beispielsweise kann durch Verdoppeln, aber auch mit dem Fünfer-Trick gelöst werden). Sie werden dabei feststellen, dass Ihre Schüler individuell unterschiedliche „Lieblingstricks" entdecken, die häufiger als andere eingesetzt werden.

Wichtig ist, Ihrer Klasse möglichst alle vorgestellten Strategien anzubieten, damit jeder aus diesem Angebot seine eigenen „Hauptfavoriten" finden und nutzen lernen kann.

Nur sehr wenige, von mir als „Schritt-für-Schritt-Aufgaben" bezeichnete Aufgabentypen, können nicht mithilfe von „Tricks" gelöst werden. Sie verlangen das „Auffüllen" oder „Aufbrechen" (je nach Addition oder Subtraktion) des Zehners.

Es ist wichtig, grundsätzlich mit den Mengenbilddarstellungen als Anschauungshilfe zu beginnen. So lernen Ihre Schüler, die verschiedenen Strategien zu „sehen" und sie auf ihrem „inneren Bildschirm" abzuspeichern.

Den Übungsbereichen können Sie Symbolkarten zum Ausgestalten für die einzelnen Aufgabentypen entnehmen. Sie helfen dabei, sich ganz bewusst mit den verschiedenen Lösungsmöglichkeiten zu beschäftigen.

Dem Anhang können Sie außerdem ein Lernprotokoll (s. S. 110) entnehmen, auf dem alle in diesem Band beschriebenen Übungsinhalte aufgeführt sind. Ihre Schüler können hier ihre individuellen Lernfortschritte festhalten. Wenn ein Übungsbereich bzw. eine Strategie erfolgreich erworben wurde, darf der einzelne Schüler den dazu passenden Bereich auf dem Segel des Schiffes seines Lernprotokolls anmalen, bis er schließlich ganz oben am Mast des Schiffes angelangt ist (um von dort eine „tolle Aussicht", einen Überblick über den Zahlenraum bis 20, zu genießen).

Dieses Lernprotokoll dient ebenfalls als roter Faden für die Unterrichtsplanung.
Auch könnten Sie dieses Lernplakat vergrößern und im Klassenzimmer aufhängen.

Kennenlernen des Zahlenraums bis 20

Benötigtes Material für die Eroberung des Zahlenraums bis 20

- Alle Materialien wie aus Band 1 (z. B. „Edelsteine": Plättchen, Muggelsteine, Dienes-Material)
- Mengenbilder von 1–20 für die Hand der Schüler sowie in Großformat für die Arbeit an der Tafel (s. KV S. 102 ff.)

mögliches Zusatzmaterial:
- Teppichfliesen/Moosgummiplatten; „Instrumente" für die Darstellung von Zehnern und Einern sowie für Bewegungsangebote zu Zehnern und Einern
- 1-Centstücke, evtl. 5-Centstücke
- Filz für die Herstellung von Fühlkarten
- Material zum Abdecken von Mengen bei Subtraktionsaufgaben: z. B. ein „Fischernetz"; ein selbst gebastelter Piratenhut (3 Ecken; zunächst „dreidimensional", dann nur noch angedeutet, also „zweidimensional" in Form eines Dreiecks); evtl. ein Lineal, Geodreieck oder etwas Karton

Kennenlernen der Zahlen bis 20

Diese Übungseinheit stellt eine Wiederholung der Übungseinheit 5 im ersten Band dar und wird deshalb nur noch durch weitere Übungen ergänzt.
Dabei werden schwerpunktmäßig die Zahlen bis 20 mit den Würfelbildern (d. h. ohne Zehnerstange) verwendet, wobei diese zunächst mit „Blick" zur Menge 20 dargestellt werden. Den Schwerpunkt bilden wie bereits im Band 1 Übungsinhalte auf der ikonischen Ebene als Zwischenstufe zwischen der handelnden und der symbolischen, um das „innere Sehen" zu fördern. Den Kopiervorlagen können Sie alle **Kennbilder** von 1–20 entnehmen (KV S. 102 ff.) und damit viele Übungen durchführen. Ich empfehle, für jeden Schüler diese Mengenbilder zu kopieren und zu laminieren.

Zur Einführung der größeren Zahlen eignet sich die im Band 1 beschriebene Geschichte, in der der kleine Pirat einen Schatz entdeckt und zählen muss, um zu wissen, wie viele Edelsteine in seiner Schatzkiste enthalten sind (s. Band 1). Dabei wird deutlich, dass eine größere Menge strukturiert werden muss, um sie überblicken zu können. Die Strukturierung ist mithilfe des Dienes-Materials möglich oder durch Bündelung in Fünfergruppen (Würfelbilder). Sie werden feststellen, welche Art der Strukturierung Ihre Schüler individuell bevorzugen.
Wichtige tägliche Übungen zum strukturierenden Erfassen der Mengen wurden im Band 1 (Blitzblickübungen) bereits beschrieben.

Vorgehensweise zur Einführung der Zahlen bis 20:

Wenn Sie mit dem Zahlenraum bis 20 starten, dann **zeigen** Sie Ihren Schülern zunächst die Mengen und **benennen** diese auch (gemäß dem Prinzip „Ich zeige dir"). Ihre Schüler sollen die Mengen mit den „Edelsteinen" auf den Zehnerschiffen **nachlegen** (s. KV S. 99).

Kennenlernen des Zahlenraums bis 20

Im nächsten Schritt können die Mengenbilder von 11–20 an die Tafel gehängt werden. Sie nennen nun eine Zahl (gemäß dem Prinzip „Du zeigst mir"), deren Mengenbild von einem Schüler an der Tafel dann gezeigt werden soll. Alternativ können Ihre Schüler die Mengenkärtchen auf dem Tisch auslegen und dann das gesuchte Mengenbild hochheben.

Im letzten Schritt („Du machst es selbst") nennen Sie eine Zahl, die Ihre Schüler selbst legen sollen (zwei Zehnerschiffchen mit der entsprechenden Anzahl an Edelsteinen und gemäß dem Würfelbild „füllen").

Wichtig sind die im Band 1 beschriebenen Blitzblickübungen, damit Ihre Schüler die Mengenbilder abspeichern lernen. Sie können dazu Klebepunkte auf Karten in der entsprechenden Würfelbilddarstellung kleben oder die entsprechenden Kopiervorlagen verwenden.

 Hilfen für das Verständnis des Stellenwertsystems

Wichtig ist, die **unterschiedliche Schreib- und Sprechweise** zu thematisieren. Ihre Schüler müssen lernen, dass die Zehner zwar zuerst geschrieben, jedoch die Einer zuerst gesprochen werden.

Eine Art **Lernplakat** könnte dabei helfen, sich die Sprech- und Schreibweise besser zu merken. Auf diesem Plakat könnte bei einer geschriebenen Zahl zwischen 11 und 19 bspw. unter den Zehner ein Stift, unter den Einer ein Mund gemalt werden. Ein Pfeil, der von links nach rechts über die zweistellige Zahl gezeichnet wird (d.h. beginnend beim Zehner), kann den Schülern zusätzlich das korrekte Schreiben erleichtern.

Für ein erstes/besseres Verständnis des Stellenwertsystems („Was ist der Zehner?" „Was sind die Einer?") stellt der Einsatz der bekannten sogenannten **Seguin-/Stellenwertkarten** eine sinnvolle Hilfe dar. Stellen Sie (oder die Eltern an einem Elternabend) dafür für jede Zahl bis 20 Ziffernkarten her (s. KV S. 100 f., evtl. auf festeres Papier kopieren und dann laminieren). Die Karten für die Einer dürfen dabei nur halb so breit sein wie die Zehnerkarten, da sie aufeinandergelegt werden (die Einer werden auf die Null der Zehner gelegt).

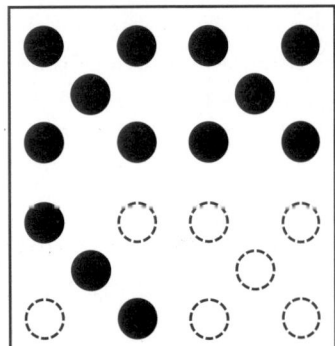 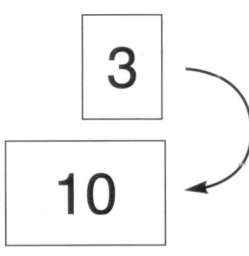

Zusätzlich ist eine optische Unterscheidung durch das Schreiben mit verschiedenen Farben hilfreich (z. B. Zehner werden blau, Einer rot geschrieben). Ihre Schüler sollen deshalb die Ziffern im Anhang mit zwei unterschiedlichen Farben für die Zehner und die Einer nachspuren.

Kennenlernen des Zahlenraums bis 20

 Instrumente und Bewegung für die Unterscheidung zwischen Einern und Zehnern

Sie suchen mit Ihren Schülern nach einem „Instrument" für den Zehner und die Einer (z. B. kann ein Tamburin für den Zehner, eine Klingel für die Einer verwendet werden). Ihre Schüler sollen die gezeigte/selbst gelegte Zahl mit den Instrumenten spielen, indem sie z. B. bei der Zahl 13 einmal das Tamburin und dreimal die Klingel betätigen.

Auch Bewegungsaufgaben sind möglich, wie etwa das Hüpfen auf einem Trampolin für Zehn und das Springen mit einem Seil für die Einer (die Zahl 13 würde ein Schüler einmal auf dem Trampolin und dreimal mit dem Seil „erhüpfen").

 Fühlbilder

Stellen Sie Fühlkarten für den Zahlenraum bis 20 aus Filz (z. B. aus Filzgleitern mit dem Locher die Punkte für die Würfelbilder stanzen) oder einem anderen gut zu ertastenden Material her.

 Über Bewegung die Zahlen kennenlernen

Um die Mächtigkeit der Zahlen von 11–20 (im Vergleich zu den Zahlen von 1–10) zu begreifen, bietet es sich an, Moosgummiplatten oder Teppichfliesen in die Struktur der Würfelbilder zu legen (z. B. die Zahl 16 wird mit 3 Fünfern und einem Einer gelegt) und diese dann von den Schülern „erhüpfen" zu lassen.

Dabei ist es wichtig, immer von links nach rechts zu hüpfen und einen Fünfer „vollzumachen", bevor man mit dem nächsten beginnt. Diese Übung macht den Kindern sehr viel Spaß und sie erleben am ganzen Körper, dass man bspw. für die Zahl 18 mehr Zeit benötigt als für die 11.

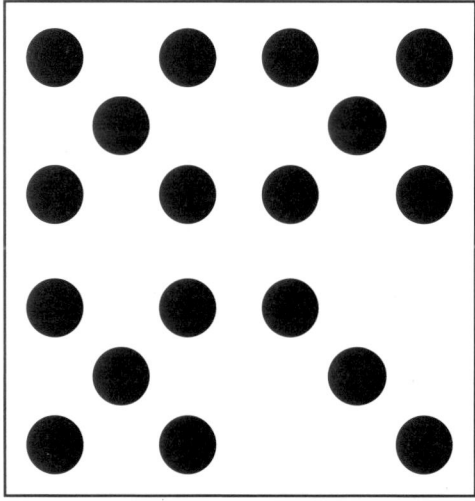

Beispiel: Zahl 18 – Zuerst die oberen zwei Fünfer erhüpfen, dann das untere Würfelbild

Kennenlernen des Zahlenraums bis 20

 Zahlenbilder tippen

Nach der grobmotorischen Bewegung (Hüpfen der Würfelbilder) ist es anschließend möglich, die Würfelbilder mit den Fingern der Schreibhand zu tippen (z. B. 4 = 2 oben, 2 unten, 5 = 2 oben, 2 unten, dann 1 in der Mitte). Ist ein Fünfer voll, dann tippen nicht mehr die Finger, sondern die ganze Hand wird als Fünfer geklatscht. Zehn werden dann entsprechend mit beiden Händen als „Doppelfünf" angezeigt.

 Tafelspiel

Diese Übung ist nach Einführung in der Großgruppe sehr gut für die Partnerarbeit geeignet. Der (gestreckte) Rücken eines Schülers stellt dabei eine Tafel dar, auf die ein Mitschüler ein Mengenbild tippt. Der Schüler, der das Tippen auf seinem Rücken gespürt hat, soll anschließend die Menge nachlegen oder die Zahl aufschreiben.

 Zählen

Neben dem Mengenaspekt (Kardinalzahlaspekt) sind natürlich auch die anderen Aspekte von Zahlen wichtig. In meinem Band stellt der **Mengenaspekt** den **Schwerpunkt** dar, da er für das Rechnen grundlegend wichtig ist und andererseits den größten Förderbedarf bei Kindern mit Lernschwierigkeiten darstellt. Die anderen Aspekte werden deshalb in meinem Band weniger oder gar nicht beachtet, sollten jedoch auf jeden Fall ebenfalls im Unterricht berücksichtigt werden.

Eine gute Möglichkeit, **die Mengenbilder mit dem Ordinalzahlaspekt der Zahlen zu verbinden,** die Nachbarzahlen, Vorgänger und Nachfolger zu thematisieren und die Entwicklung einer ersten Zahlenraumvorstellung zu initiieren, stellen die nachfolgenden Übungen dar (angeregt durch Prof. Preiß „Entdeckungen im Zahlenland").
Hinweis: Vergrößern Sie dazu die Zahlenkarten. Gut wäre es, wenn die Zahlen 5, 10, 15 und 20 auf farbiges Papier kopiert werden können, um sie zu betonen. Reifen, Teppichfliesen (20 Stück) etc. können als Weg dienen, auf dem Ihre Schüler zunächst vorwärts laufen und dazu zählen sollen. Auch hier wäre es sinnvoll, die Zahlen 5, 10, 15 und 20 optisch hervorzuheben.

Folgende einführende Übungen sind möglich:
- Vorwärts gehen von 1–20 und dazu zählen (wichtig: für jede Teppichfliese nur ein Zahlwort benutzen, damit die Eins-zu-Eins-Zuordnung stimmt)
- Rückwärts gehen (ich empfehle, tatsächlich rückwärts zu gehen anstatt zurück zu gehen). Gerade das rückwärts Zählen verlangt/fördert die Entwicklung einer Zahlenraumvorstellung.
- Ab einer bestimmten Zahl weitergehen und weiterzählen, vorwärts und rückwärts
- In 2er-Schritten (wenn möglich)
- Vorgänger und Nachfolger bestimmen

Nach diesen einführenden Übungen können anschließend die Mengenbilder auf den Weg gelegt werden. Herr Schummel kann dabei zwischendurch immer wieder Unordnung stiften und die Mengenbilder miteinander vertauschen.

Kennenlernen des Zahlenraums bis 20

Die entsprechende Kopiervorlage (KV S. 22–25) ist so gestaltet, dass Ihre Schüler vom eigenen Körperschema ausgehend auf dem Blatt Papier Vorgänger und Nachfolger bestimmen können. Beim Ordnen der Zahlen bspw. an der Tafel (s. Übung unten) wird dagegen von ihren Schülern dann verlangt, die Arbeitsrichtung von links nach rechts zu beachten.

Ich denke mir eine Zahl – wo liegt der Schatz?

Großen Spaß bereitet es den Schülern, sich eine Zahl auszudenken und diese von den Mitschülern erraten zu lassen. Bei diesem Spiel bietet es sich an, die Klasse in zwei Gruppen einzuteilen, während ein Kind neutral bleibt und die zu erratende Zahl auf ein Blatt schreibt, das beide Gruppen nicht einsehen dürfen. Diese Zahl repräsentiert den Ort, auf dem ein noch unsichtbarer Schatz „begraben" liegt. Die Zahl muss durch Fragen, die mit ja und nein zu beantworten sind, „erspürt" werden. Dabei kommt es darauf an, möglichst geschickt zu fragen, da bei einer Nein-Antwort des „Zahl-Kapitäns" die andere Gruppe drankommt. Wenn eine Frage mit Ja beantwortet wird, darf dieselbe „Piraten-Gruppe" weiterfragen. Die Gruppe, die die Zahl errät, erhält dann anschließend den Schatz (z. B. Gummibärchen).

Mögliche Fragen sind bspw.:
- Liegt die Zahl zwischen 5 und 10 usw.?
- Ist die Zahl größer als 10?
- Ist es eine gerade (halbierbare) Zahl?
- Kommt die Zahl vor 15?
- ...

Zur Einführung der Übung sollten Sie mit Ihren Schülern mögliche Fragen besprechen und aufzeigen, welche Fragen „klug" sind, welche weniger geschickt.

Stechen

Für das Spiel *Stechen* benötigen Sie die Mengenbilder und die Ziffernkarten (s. Anhang), am besten beides in doppelter Ausführung für jede Zahl. Das Spiel kann entweder als Partnerspiel oder aber von zwei Gruppen im Klassenverband gespielt werden. Jeder Spieler/jede Gruppe erhält einen Stapel Karten, von dem jeweils abwechselnd eine Karte umgedreht und mit der Karte des Spielpartners verglichen wird. Derjenige/die Gruppe, der/die die größere Zahl besitzt, erhält beide Karten. Handelt es sich um dieselbe Menge, bleiben die Karten so lange liegen/an der Tafel hängen, bis in der nächsten Runde eine Entscheidung fällt.

Wichtig ist dabei, dass Sie während des Spiels immer wieder die Mengenvergleiche in die Sprache der Mathematik übersetzen. Ihre Schüler sollen die Vergleiche be- und aufschreiben (z. B. 14 > 11 heißt „Vierzehn ist größer als elf"). Ihre Schüler lernen so, die schriftlichen Symbole und Begriffe größer, kleiner und gleich zu „übersetzen".

Sie können das Spiel zunächst auch nur mit den Mengenbildern spielen.

Kennenlernen des Zahlenraums bis 20

 Ordnung schaffen – Ordnen

Nach dem Spiel *Stechen* bietet es sich an, alle Mengenkarten ordnen zu lassen. Dazu können Sie die Karten an der Tafel bzw. an einer Schnur entsprechend anbringen lassen oder einer Gruppe von Kindern jeweils ein Mengenbild geben. Die Schüler müssen sich dann so positionieren, dass die Zahlen entweder größer oder kleiner werden.

Ich empfehle dabei, sich wie ein Zug aufzustellen, bei dem die kleinere Zahl hinter mir, die größere Zahl vor mir liegt. Beim Ordnen an der Tafel ist es möglich, in die Höhe oder nach rechts ordnen zu lassen. Ein Pfeil, der von links nach rechts zeigt, kann beim Ordnen gemäß der Arbeitsrichtung nach rechts eine optische Hilfe sein.

Anschließend bietet es sich auch an, von Herrn Schummel Karten vertauschen und die Kinder die Fehler suchen zu lassen.

 Zahlen anlegen

Wenn Ihre Schüler alle Mengenkarten der Größe nach (beginnend mit der kleinsten und dann auch mal mit der größten Zahl) geordnet haben, geben Sie ihnen anschließend nur eine Auswahl an Karten sowie beliebige Ziffernkarten für die folgende Übung.

Hierbei wird eine Karte gezogen und aufgedeckt in der Mitte der Tafel angebracht. Ihre Schüler haben nun die Aufgabe, die weiteren Karten links und rechts der gezeigten Menge anzulegen, je nachdem, ob die gezeigten Zahlen größer oder kleiner sind. Schreiben Sie als optische Unterstützung die Symbole für größer und kleiner dazu.

Beispiel:

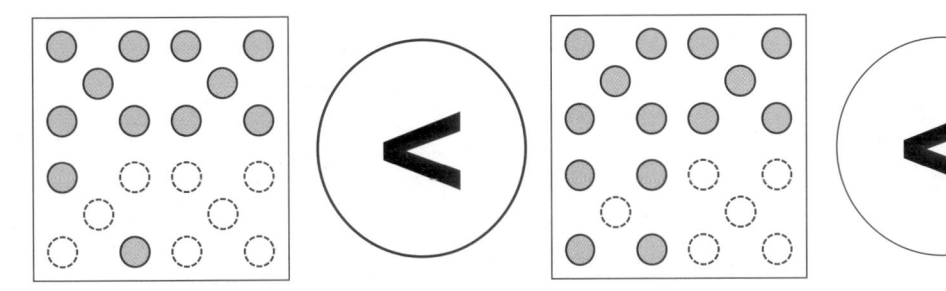

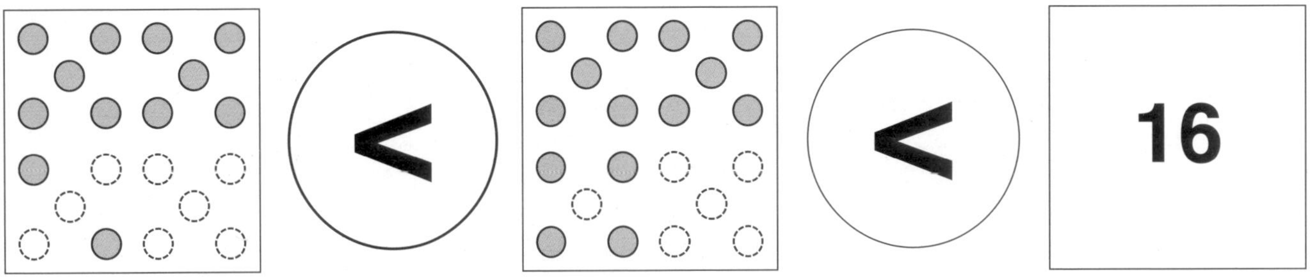

Für Mengenvergleiche zwischen zwei Zahlen können Sie aus dem Band 1 (KV 1/9) die **Blankokopiervorlage** verwenden und Mengenbilder einzeichnen.

 Quartettspiel

Dem Band 1 konnten Sie ein Terzettspiel entnehmen (KV5/8), das die beiden unterschiedlichen Darstellungsweisen zu einer Zahl, die Strukturierung in Würfelbildern oder mit dem Dienes-Material thematisierte.

Bei den Kopiervorlagen in diesem Band finden Sie einen Arbeitsauftrag, bei dem Ihre Schüler immer vier gleiche Bilder zu einer Zahl finden müssen (KV 1/7.1–1/7.3).

Kennenlernen des Zahlenraums bis 20

Als Spiel in der Großgruppe bietet es sich an, verschiedene Zahlen in unterschiedlichen Darstellungsweisen auf Karten zu malen und jedem Schüler eine Karte auszuteilen. Ihre Schüler müssen sich dann auf ein Zeichen hin möglichst schnell zu einer Gruppe zusammenfinden (z. B. im Sportunterricht).

 Echtes Geld – Würfelbilder mit Centstücken darstellen

Einen besonders hohen Aufforderungscharakter besitzt Geld. Es bedeutet eine besondere Motivation für Kinder.

Aus diesem Grund empfehle ich Ihnen, – evtl. im Rahmen eines Elternnachmittags gemeinsam mit den Eltern und Kindern – alle Würfelkennbilder bis 20 mit 1-Centstücken auf Karten zu kleben.

Toll wäre es, wenn jeder Schüler alle Zahlen bis 20 in Form der 1-Centstück-Würfelbilder besitzen würde (Wichtig: Achtsamer Umgang!). Ich selbst habe die Zahlen bis 20 in mehrfacher Ausführung mit Centstücken auf farbigen Karton geklebt, sodass vielfältige Spiele möglich wurden. Dabei habe ich teilweise das Fünferwürfelbild durch ein 5-Centstück ersetzt.

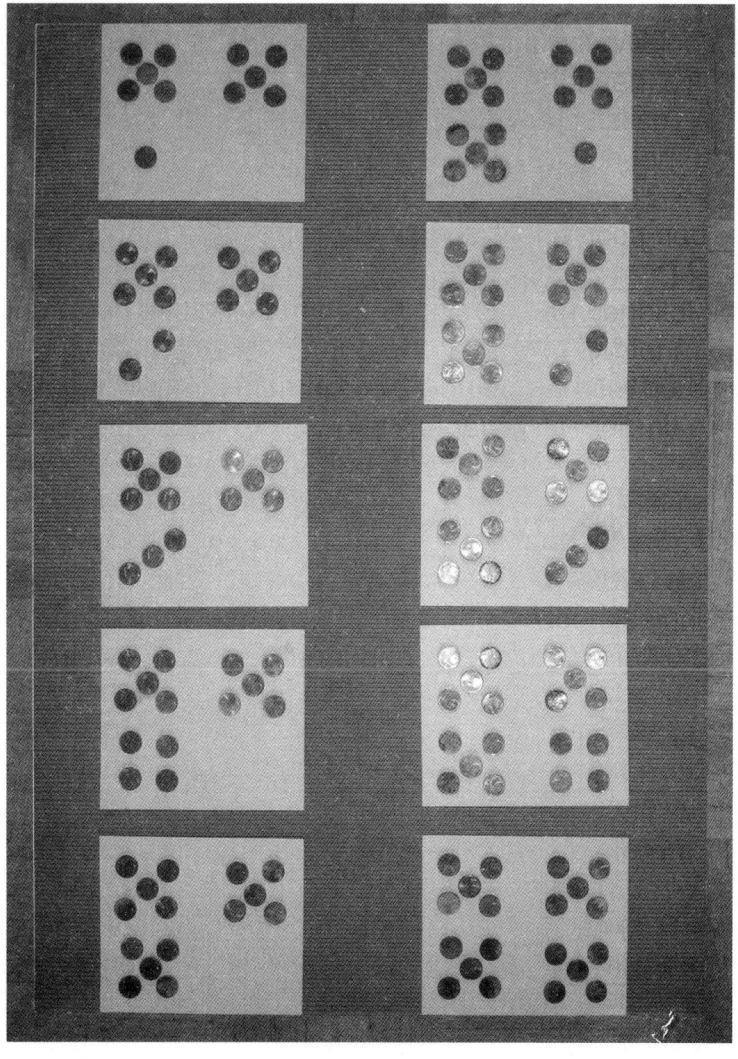

Centkarten für die Zahlen 11 – 20

Kennenlernen des Zahlenraums bis 20

Rechnen

 Vorbemerkungen

Wie für den Zahlenraum bis 10 werden auch die Aufgaben bis 20 in verschiedene Übungsbereiche eingeteilt, deren Reihenfolge bezüglich der Durchführung von mir bewusst so wie dargestellt ausgewählt wurde – nach dem Prinzip vom Leichten zum Schweren, um Ihre Schüler nicht zu überfordern und ihnen Erfolgserlebnisse zu ermöglichen. Es wäre jedoch durchaus auch möglich, die Einführung einzelner Strategien zu variieren (z. B. Verdoppeln und Fünfer-Trick), je nach den Voraussetzungen in Ihrer Klasse.
Ihre Schüler sollten grundsätzlich für das Kennenlernen und Üben der Aufgaben die bekannten Kennbildkarten griffbereit haben, am besten in doppelter Ausführung.

 Vorgehen

Bei allen Übungen ist es wichtig, Ihren Schülen zum Begreifen der Aufgaben zunächst die Möglichkeit zu geben, diese zu handeln und dann mithilfe von verkürzten Handlungen und viel Bildmaterial in ihrer Vorstellung allmählich rekonstruieren zu lernen (s. Band 1, S. 23). Zum Handeln eignen sich die Rechenschiffe (KV S. 99), die Sie mit Edelsteinen beladen können. Auch können Sie die Modelle Rechenschiff und Insel aus dem ersten Band weiterhin nutzen.

Als durchgängiges Prinzip empfehle ich Ihnen zur Einführung und zum Üben der verschiedenen Aufgabentypen folgende Vorgehensweise:

1. **Handeln mit Material:** Z. B. mit Rechenschiffchen und Edelsteinen oder der Insel und dem Schiff aus dem ersten Band oder mit dem didaktischen Dienes-Material (Handlungsrechnen).
2. **Verkürzte „Handlungen":** Mengenbildkarten (s. Anhang), die als Anfangsmengen gezeigt werden; die (zweite) Teilmenge wird (in der Vorstellung) hinzugefügt oder abgezogen bzw. abgedeckt (bei Subtraktionsaufgaben bietet es sich an, die abzuziehende Menge mit dem Lineal/Geodreieck, einem Stück Karton oder den Fingern/Händen abzudecken (ikonische Ebene).
3. **Bearbeiten der Aufgabenblätter,** auf denen die Mengenbilder zu sehen sind (ikonische Ebene).
4. **Bearbeiten von Aufgaben ohne sichtbare Kennbilder** (reine Vorstellung, symbolische Ebene). Hierfür können Sie Aufgaben selbst zusammenstellen, die dem Aufgabentyp entsprechen.

Diese empfohlene Vorgehensweise wird in den folgenden Einheiten nicht immer explizit aufgeführt, sollte aber durchgängig berücksichtigt werden (Ausnahmen werden erwähnt).

Kennenlernen des Zahlenraums bis 20

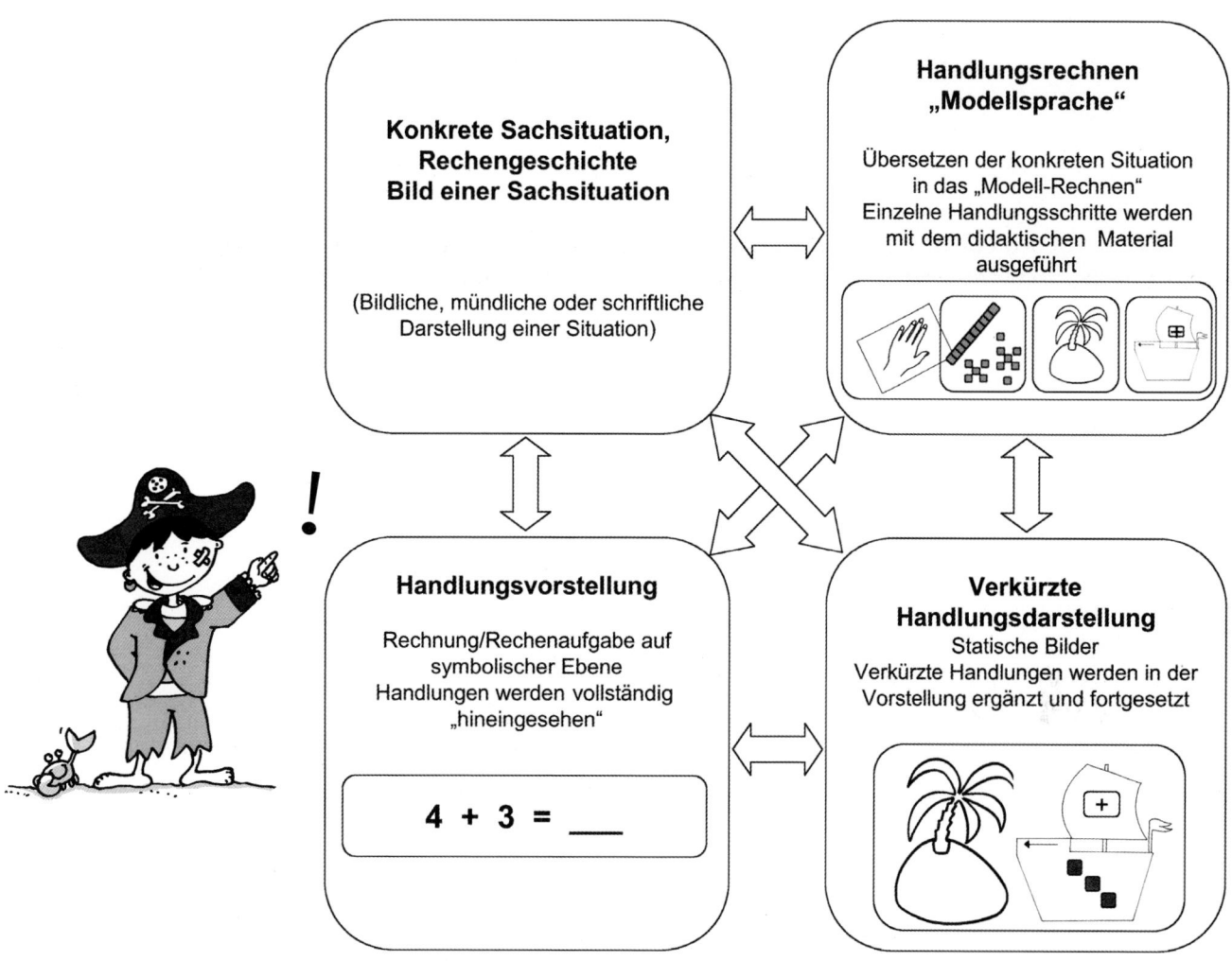

Wie Sie dem Schaubild aus Band 1 entnehmen können, ist es dann immer wieder sinnvoll, auch „andersherum" vorzugehen und bspw. eine symbolisch präsentierte Aufgabe zu „handeln".

Auf jeden Fall **sollten Sie immer wieder konkrete Sachsituationen aus dem Alltag Ihrer Schüler aufgreifen** und die verschiedenen Strategien dafür nutzen lernen, diese Alltagsfragen zu lösen!

Für die meisten Aufgabentypen finden Sie bei den Kopiervorlagen (wie bereits im Band 1 bspw. für Tauschaufgaben) eine Symbolkarte, die die Strategie/den Aufgabentyp symbolisch darstellt. Sie können diese bei Einführung eines Aufgabentyps als optische Unterstützung ins Klassenzimmer hängen und jedem Schüler davon ein kleineres Exemplar aushändigen (bspw. fürs Rechentagebuch).

Wie heißt die Zahl?

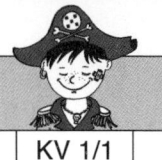

KV 1/1

1 Schreibe die Zahl mit zwei Farben für die Zehner und Einer.

2 Lies die Zahlen vor.

Z	E

Z	E

Z	E

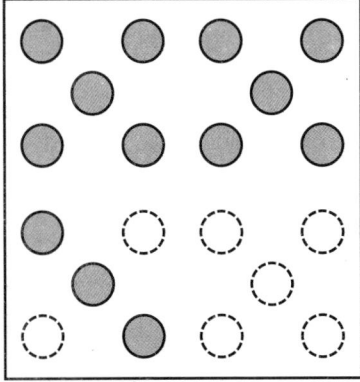

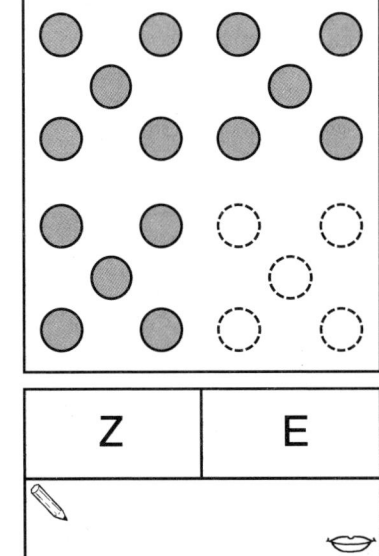

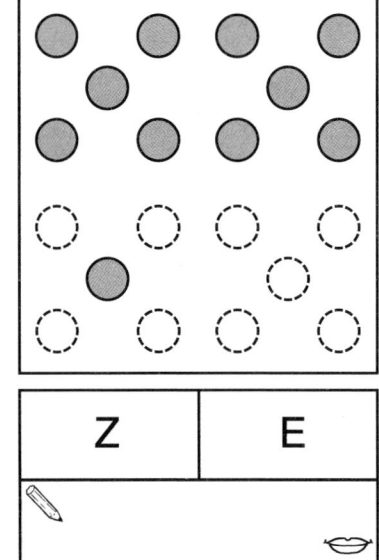

3 Male die Mengenbilder.

Z	E
1	7

Z	E
1	9

Z	E
1	2

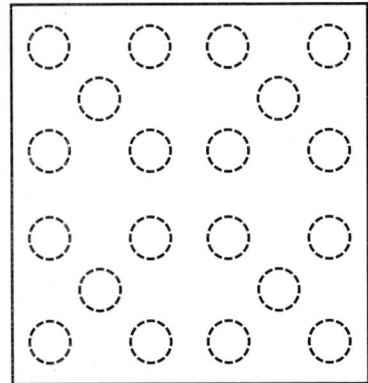

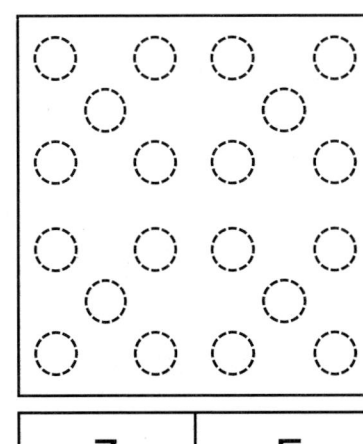

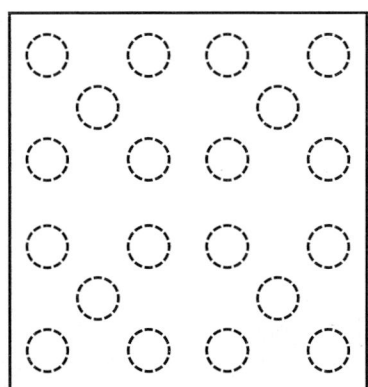

4 Male die zusammengehörigen Karten in der gleichen Farbe an.

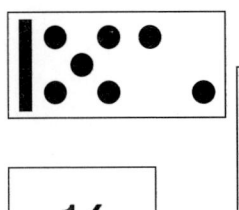

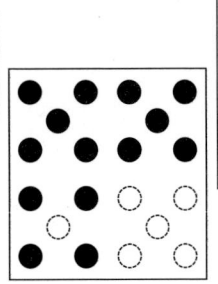

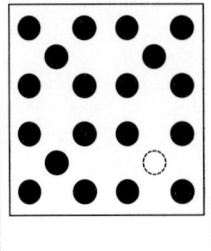

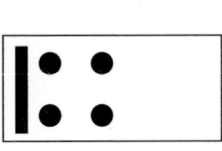

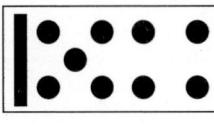

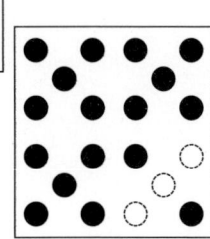

Zähle und ordne die Zahlen

KV 1/2.1

 Schneide die Zahlen aus.

 Klebe sie in der richtigen Reihenfolge auf dein Arbeitsblatt.

 Klebe die Mengenbilder dazu.

| 10 | 19 | 11 | 7 | 5 |

| 2 | 20 | 18 | 15 | 16 |

| 13 | 14 | 4 | 6 | 1 |

| 3 | 8 | 12 | 17 | 9 |

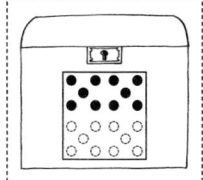 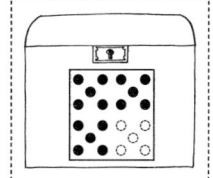 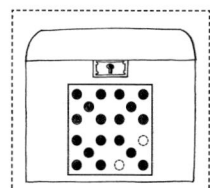 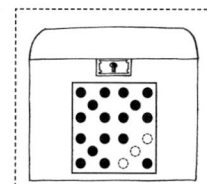 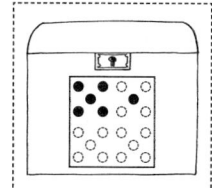

Jasmin Jost: Wir erobern den Zahlenraum bis 20
© Persen Verlag

Zähle und ordne die Zahlen

KV 1/2.2

1. Klebe die Zahlen in der richtigen Reihenfolge auf.
2. Klebe die Mengenbilder dazu.

20

Zähle und ordne die Zahlen

KV 1/3

1 ✏️ Schreibe die fehlenden Zahlen mit zwei Farben für die Zehner und Einer auf die Fliesen.

2 ✏️ Male in die Säcke die Mengenbilder dazu.

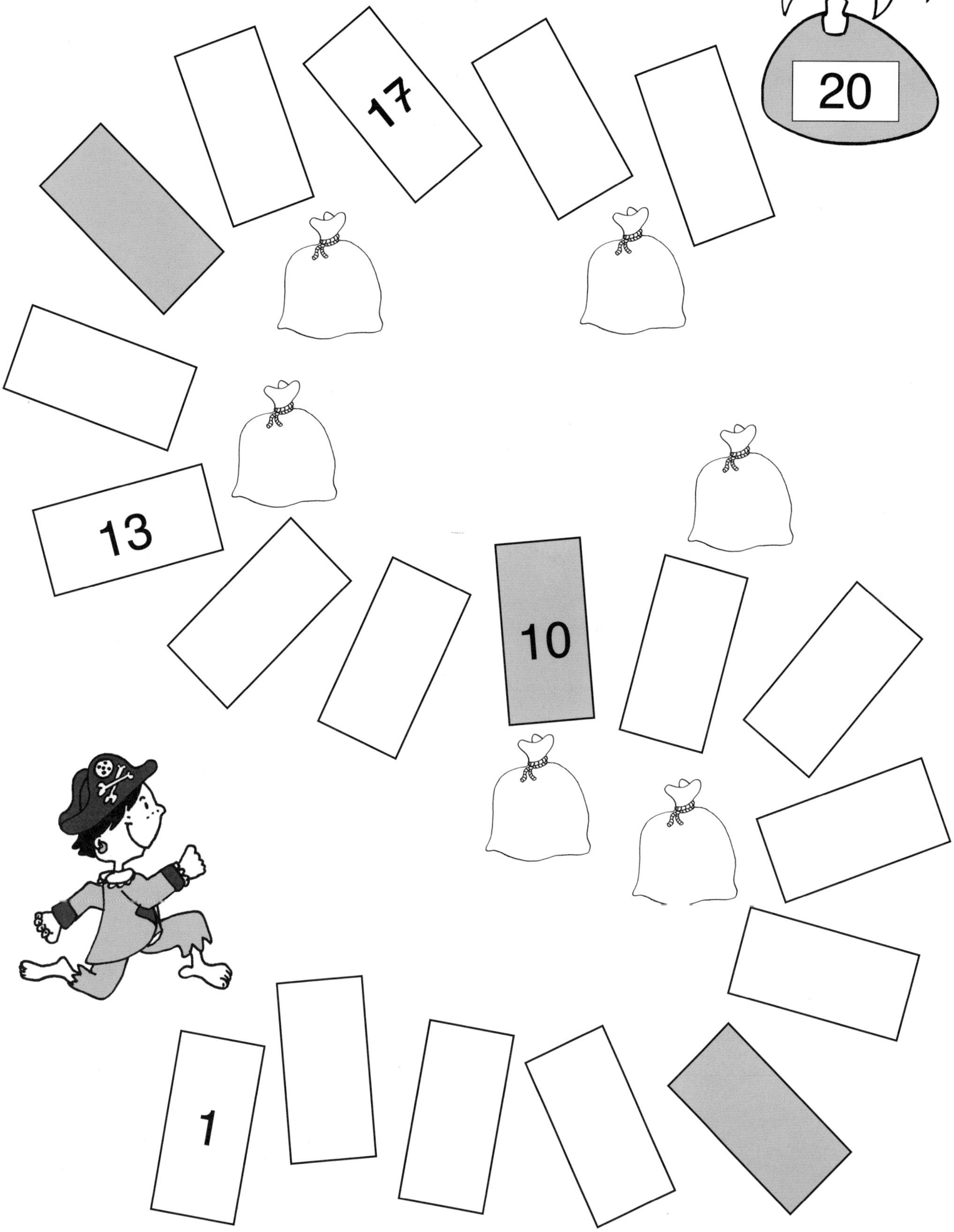

17

20

13

10

1

Vorgänger und Nachfolger

KV 1/4

1 Schau, wo der kleine Pirat gerade steht.

2 Schreibe den Vorgänger und Nachfolger der Zahl auf.

3 Male das passende Mengenbild dazu.

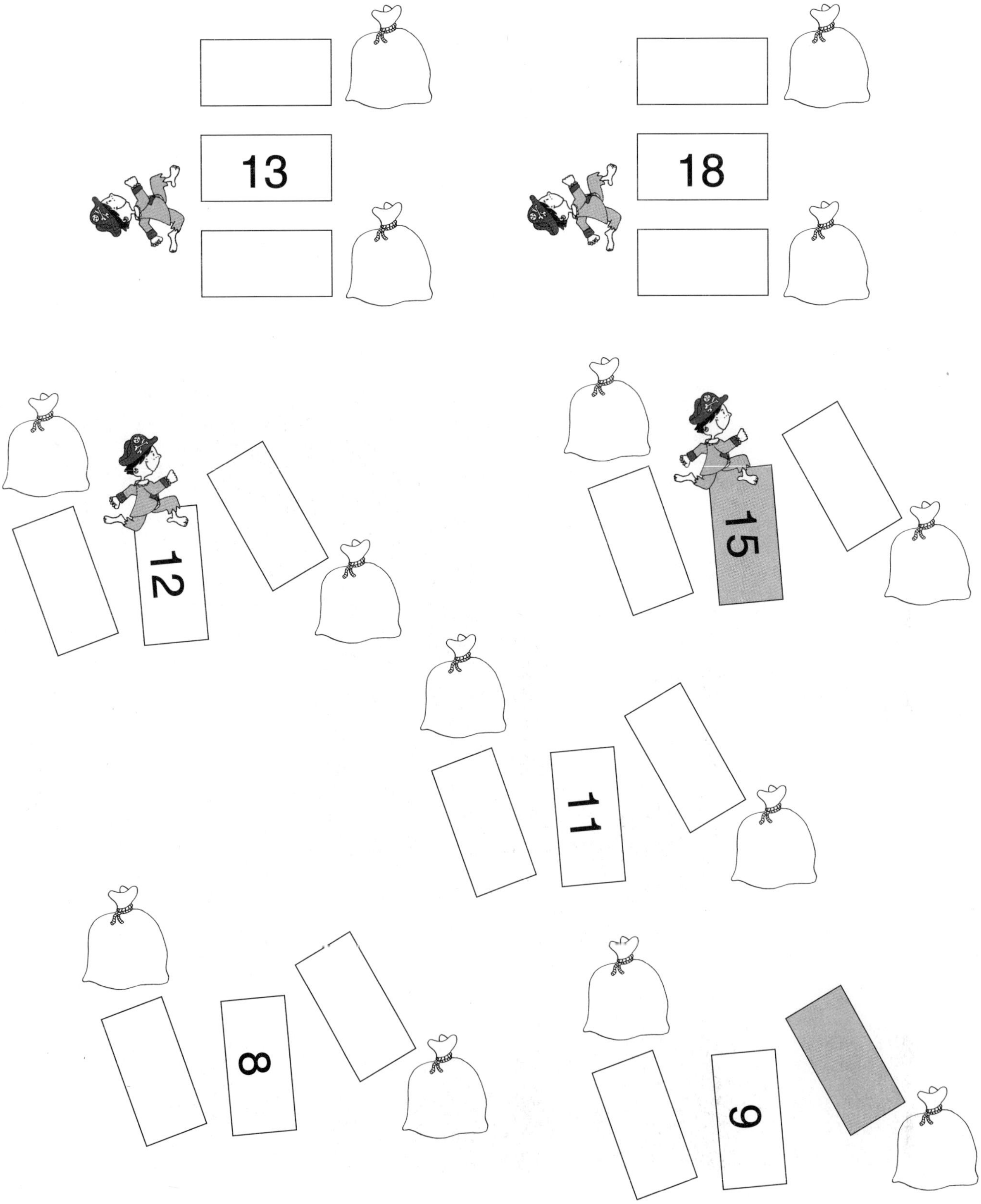

13

18

12

15

11

8

9

Finde die Nachbarzahlen

KV 1/5

1. Male die Mengenbilder in die Häuser.
2. Schreibe die Hausnummern dazu.
3. Zähle ab der Zahl im ersten Haus weiter.

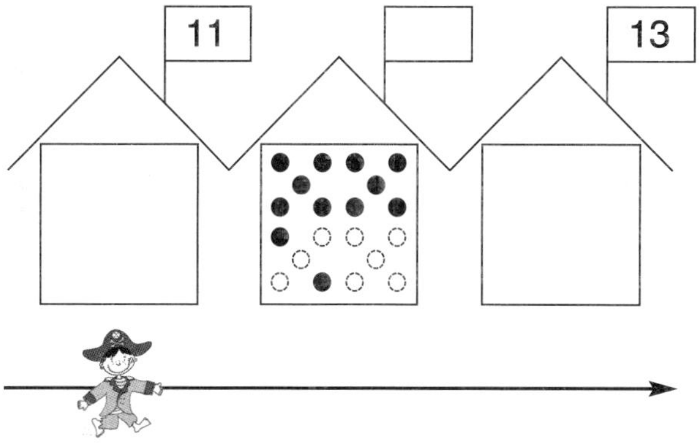

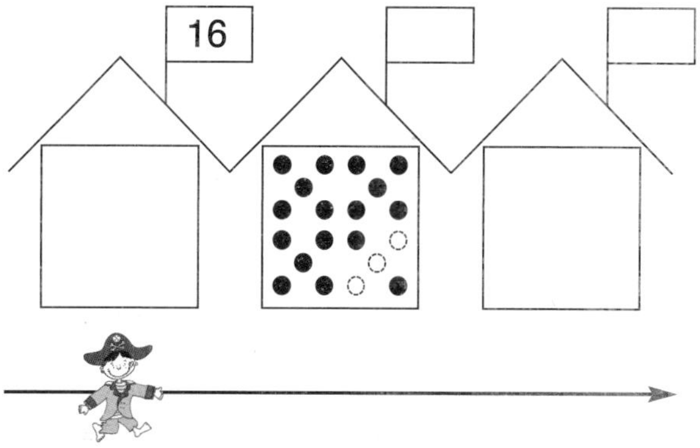

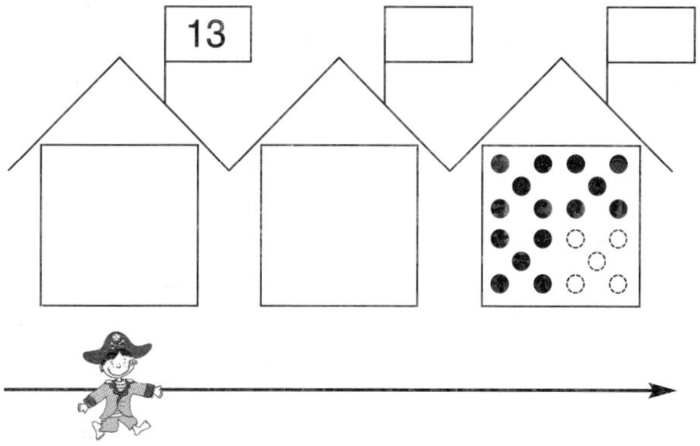

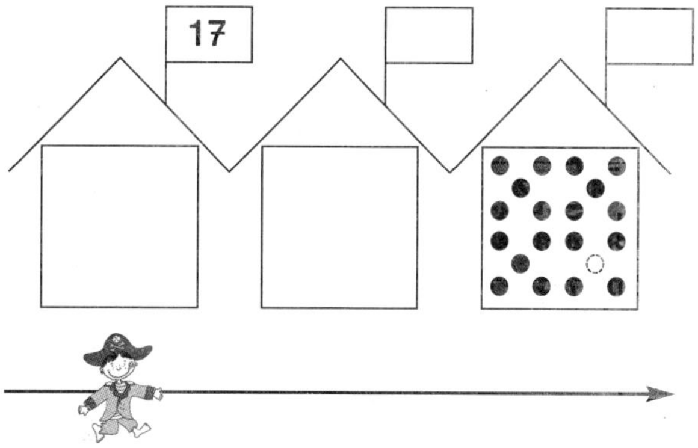

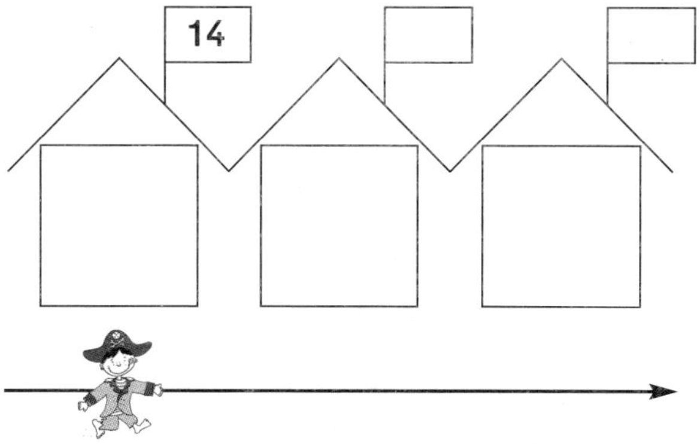

4. Wo hat Herr Schummel Fehler versteckt? Male sie an.

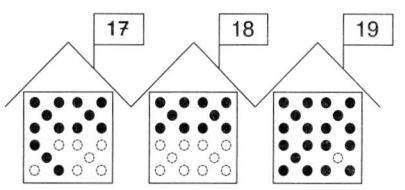
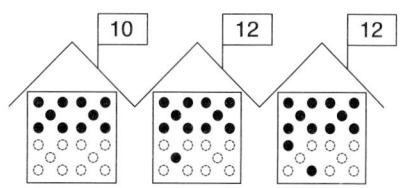
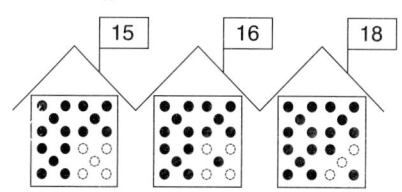

Jasmin Jost: Wir erobern den Zahlenraum bis 20
© Persen Verlag

Finde die Nachbarzahlen (blanko)

KV 1/5

 Male die Mengenbilder in die Häuser.

 Schreibe die Hausnummern dazu.

Zähle ab der Zahl im ersten Haus weiter.

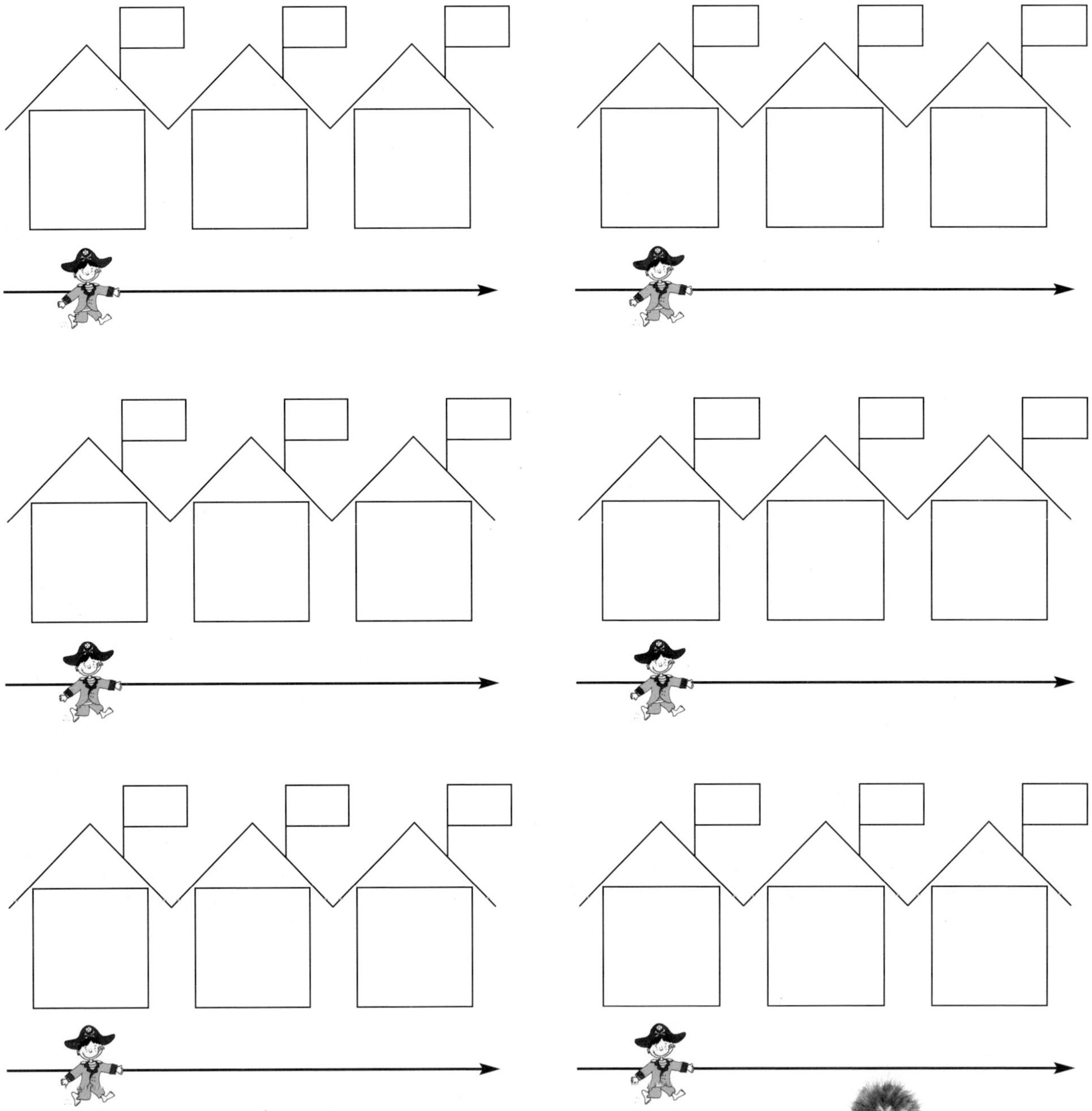

 Wo hat Herr Schummel Fehler versteckt? Male sie an.

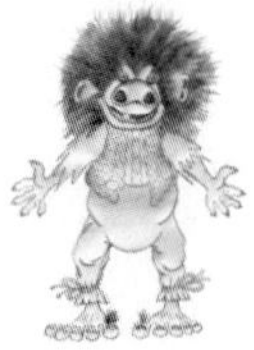

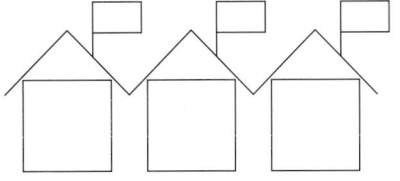
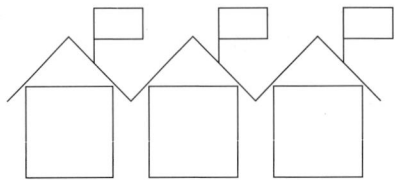
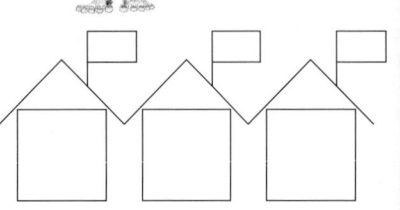

Vergleiche die Zahlen miteinander

1. Herr Schummel hat wieder mal Fehler eingeschmuggelt. Streiche die falschen Mengenbilder und Zahlen durch.

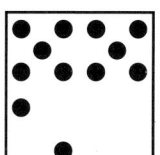 <    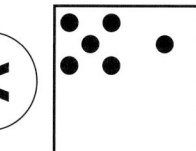   18   20

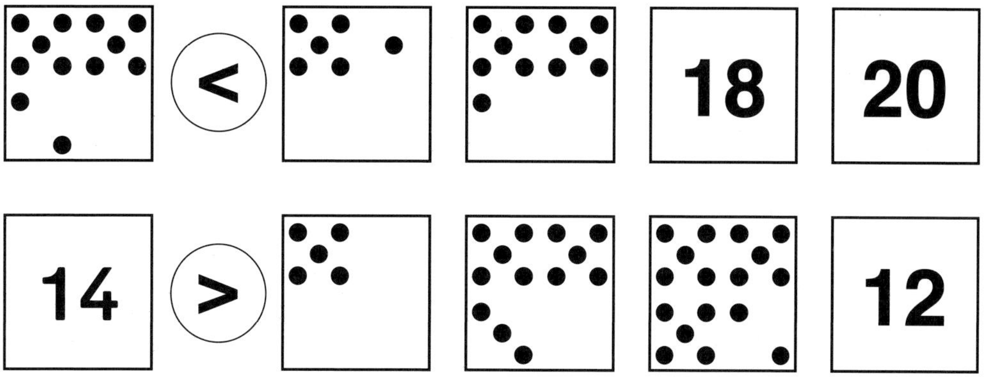

14 >    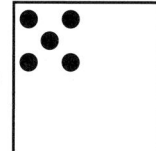   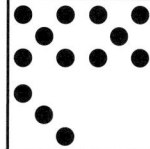   12

2. Überlege dir passende Zahlen und setze sie ein.

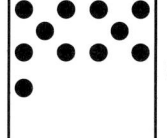 < 14 < ☐ < 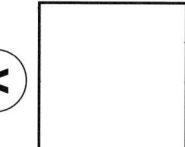 < ☐ <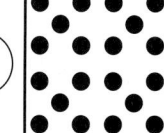

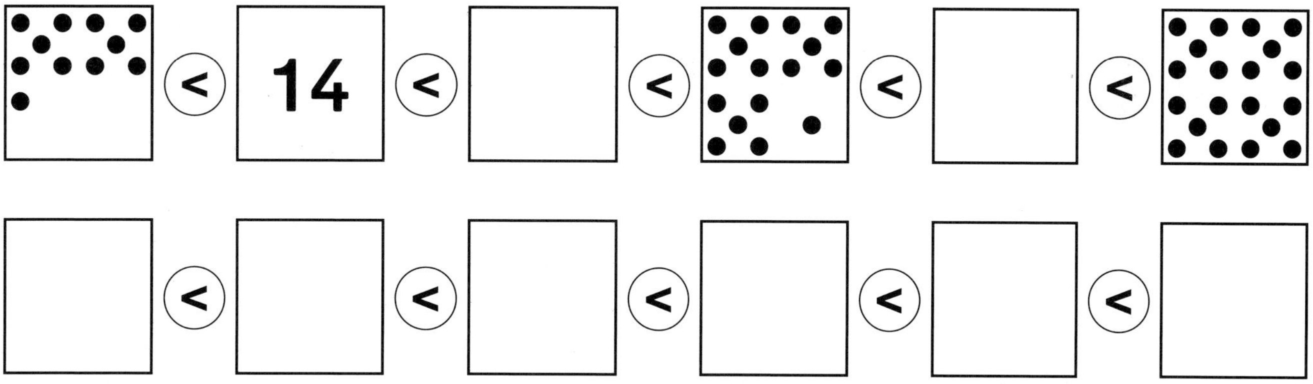

☐ < ☐ < ☐ < ☐ < ☐ < ☐

3. Ordne die Zahlen nach der Größe.

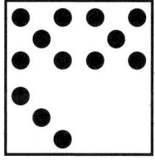   10      14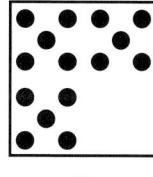

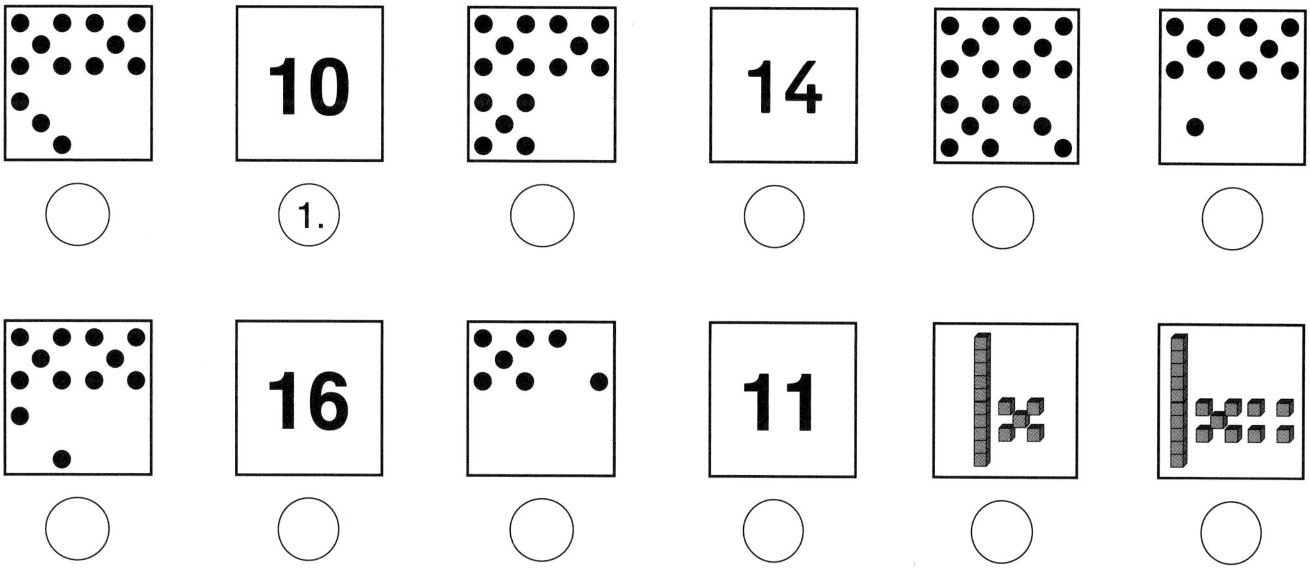

○   1.   ○   ○   ○   ○

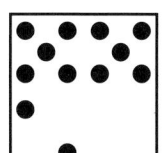   16      11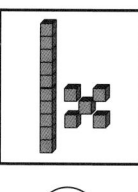

○   ○   ○   ○   ○   ○

Was gehört zusammen?

KV 1/7.1

1. ✂ Schneide die Bilder aus.

2. 🖍 Immer 4 Karten gehören zu einer Zahl. Klebe sie in einen Sack.

	16	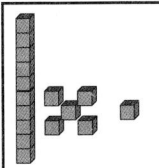	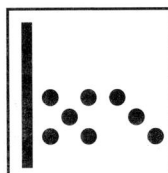	
18	**11**	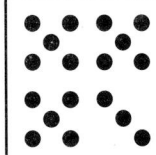	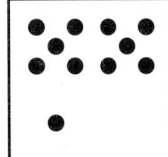	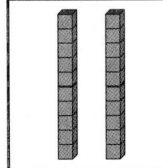
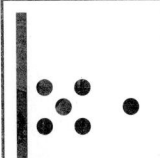	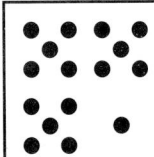	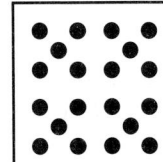	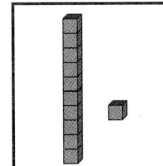	
20				

Was gehört zusammen?

  Schneide die Bilder aus.

  Immer 4 Karten gehören zu einer Zahl. Klebe sie in einen Sack.

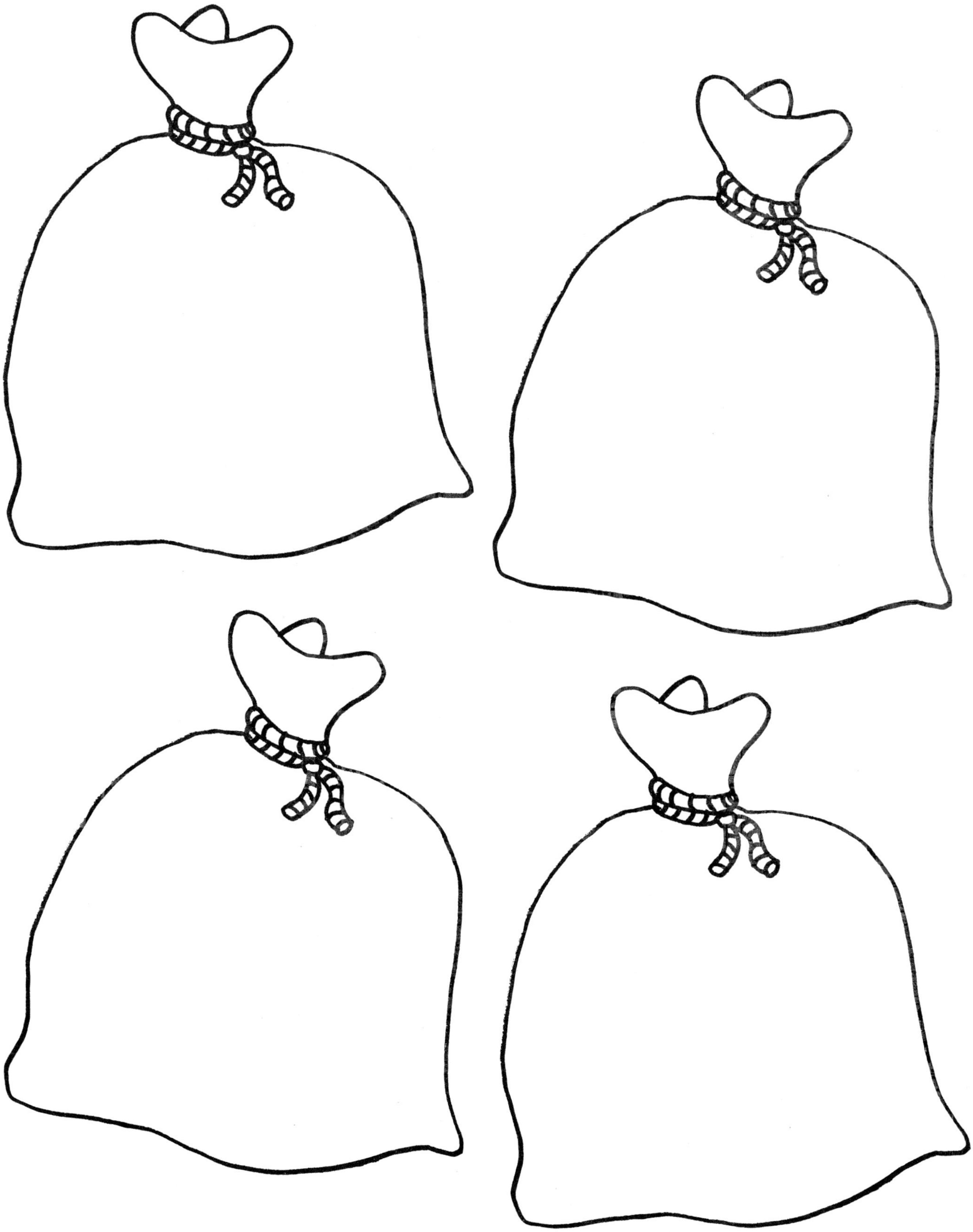

Was gehört zusammen?

KV 1/7.3

1. 👁 Was passt nicht zu den anderen Bildern in einem Sack?

2. ✏ Streiche das falsche Bild durch, das Herr Schummel eingeschmuggelt hat.

3. 🖍 Male selbst zu zwei Zahlen alle 4 Bilder.

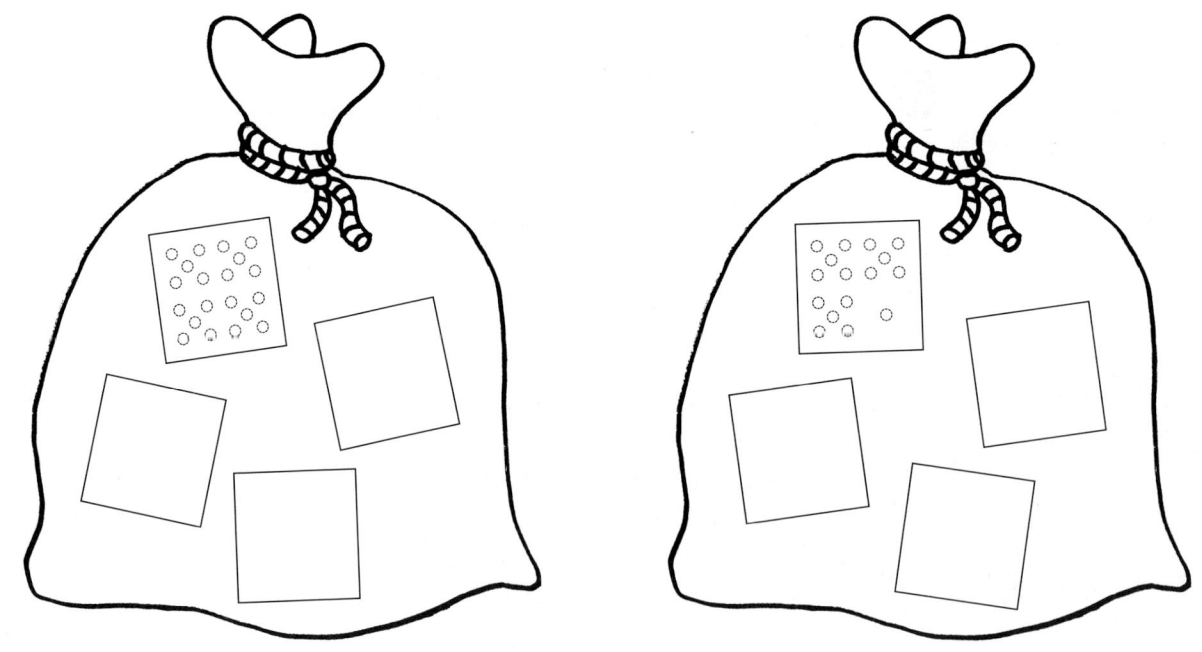

Einfache Additions- und Subtraktionsaufgaben

Das ist doch gelacht!

 Aufgaben mit „sichtbarem" Ergebnis

Beginnen Sie mit Aufgaben, bei denen die Gesamtmenge sofort als Kennbild sichtbar ist (Addition) oder – nach Wegnehmen einer Teilmenge – auch die Restmenge wieder als bekanntes Würfelbild erfasst werden kann (Subtraktion).

Das Motto für diese Aufgabentypen ist „Das ist doch gelacht". Ihre Schüler werden merken, dass hierbei eigentlich nichts Neues gelernt werden muss. Deshalb ist es auch nicht dringend notwendig, diese Aufgaben „handeln" zu lassen, wenn Ihre Schüler die Rechenoperationen Addition und Subtraktion begriffen haben (s. Voraussetzungen).

Zu diesen ersten Aufgabentypen gehören beispielsweise folgende Aufgaben:
10 + 0, 10 + 1, 10 + 2…, bis 10 + 10 und
20 – 10, 19 – 10, 19 – 9, 18 – 10, 18 – 8…, bis 11 – 10, 11 – 1.

Beispiele:

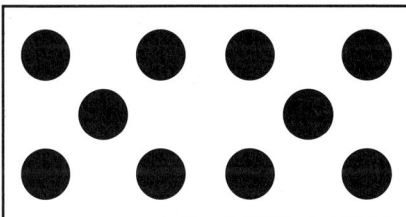 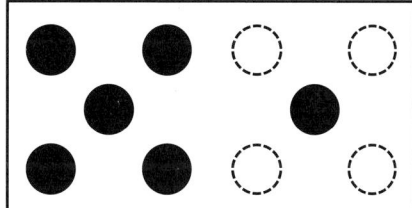

Bei der Additionsaufgabe **10 + 6** wird nach Zusammenfügen der Teilmengen 10 und 6 sofort die Gesamtmenge als Kennbild ersichtlich.

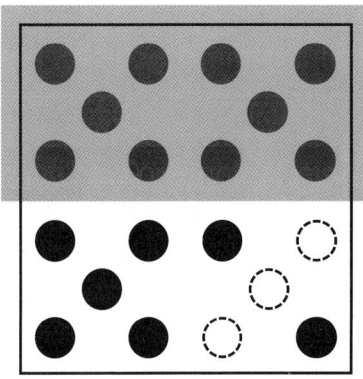

Bei der Aufgabe **17 – 10** legen Sie mit Ihren Schülern die Anfangsmenge 17 (z. B. auf dem Overheadprojektor – dazu alle Mengenbilder von 1–20 auf Folie kopieren, jeweils zweimal). Wenn die 10 verdeckt wird, ist die Restmenge 7 sofort als Kennbild sichtbar. Lassen Sie Ihre Schüler parallel zur Bearbeitung einer Aufgabe auch die Stellenwertkarten legen. Bei diesen Aufgaben wird deutlich, dass Rechnen nicht bedeutet, von einer Zahl zur nächsten Zahl zu *zählen,* sondern dass sich Zahlen grundsätzlich aus anderen Zahlen (Teilmengen) zusammensetzen.

Einfache Additions- und Subtraktionsaufgaben

Für **Minusaufgaben** sind **Geodreiecke oder Kartonstücke** (z. B. als Piratenhut angedeutet) **zum Abdecken** der abzuziehenden Menge gut geeignet. Auch ein „Fischernetz" ist denkbar. Bei bestimmten Aufgaben sind die Hände bzw. Finger am besten möglich. Wichtig dabei ist, dass Ihre Schüler lernen, sinnvoll die Mengen abzudecken, d.h. bei Minusaufgaben die Subtrahenden in der Anfangsmenge als Teilmenge „finden" können.

Zur Einführung der Minusaufgaben könnte ein „Schatz" mit Edelsteinen gelegt werden, von dem der Pirat mit seinem Hut, einem Fischernetz oder den Händen eine vorgegebene Menge mit nur einem Versuch wegnehmen soll. Ihre Schüler sollen bei vielen Aufgaben dem kleinen Piraten helfen und lernen, sinnvolle Teilmengen so wegzunehmen, dass am Ende eine sofort erkennbare Restmenge übrig bleibt.

→ **Üben Sie diese Aufgaben** deshalb zunächst **gemeinsam** an der Tafel oder am Overheadprojektor. Danach sollen Ihre Schüler die Mengenbilder am Tisch gebrauchen. Überprüfen Sie dabei, ob alle Kinder den Unterschied zwischen Addition und Subtraktion verstanden haben. Beim Erarbeiten der Aufgaben mit den Mengenbildern müssen Ihre Schüler lernen, dass es bei der Subtraktion eine Anfangsmenge (also ein Kennbild) gibt, von der die abzuziehende Teilmenge abgedeckt werden muss.

Beispiel: Aufgabe 17 – 6

1. Ihre Schüler nehmen das Mengenbild der 17 (oder legen die Menge mit dem Rechenschiff oder dem didaktischen Material).
2. Die Teilmenge 6 wird abgedeckt (oder weggenommen).
   Dabei ist es wichtig, sie als bekanntes Würfelbild abzudecken/wegzunehmen.
3. Die Restmenge ist sofort ersichtlich.

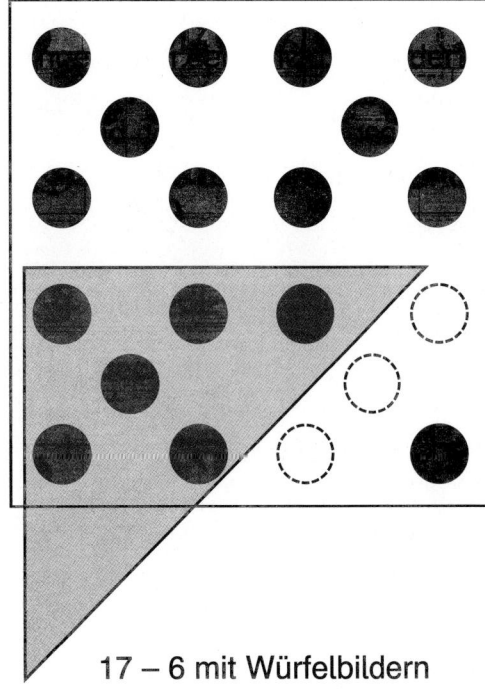

17 – 6 mit Würfelbildern

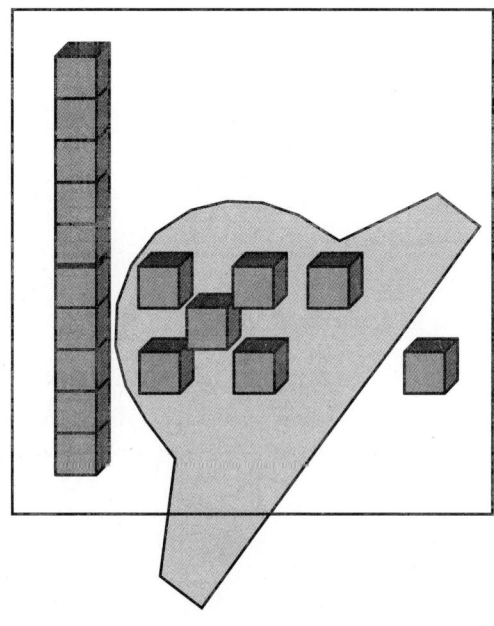

17 – 6 mit dem Dienes-Material

Einfache Additions- und Subtraktionsaufgaben

 Kleine Aufgaben mit + 1, + 2, – 1, – 2

Die Additions- und Subtraktionsaufgaben mit 1 und 2 sind wichtige Aufgaben, die Ihre Schüler jetzt schon automatisieren sollten.
Wichtig ist dabei, dass Sie auch die Begriffe „1 mehr; 1 weniger", „2 mehr; 2 weniger" gebrauchen sollten.

Beim Üben der Aufgaben 1 mehr, 2 mehr wird das Kennbild der Anfangsmenge gelegt und dann die Teilmenge mit den Fingern dazu „getippt" oder mit konkretem Material dazugelegt. Bei 1 weniger, 2 weniger können Sie oder Ihre Schüler die abzuziehende Menge mit den Fingern abdecken.

Das Üben dieser kleinen Aufgaben wird analog zu den kleinen Aufgaben im Zahlenraum bis 10 (s. Band 1, KV 4/1) auch in diesem Band als „Rechensport" bezeichnet. Sie können dazu Ihren Schülern mithilfe eines „Blitzblicks" eine Menge am Overheadprojektor zeigen, die Ihre Klasse dann notieren und dazu die kleinen Aufgaben bearbeiten muss.

 Analogien

Für Aufgaben im Zahlenraum bis 20, die keinen Zehnerübergang/keine Zehnerunterschreitung (wie beispielsweise 15 + 4, 17 + 2, 18 – 3, 11 + 5 usw.) verlangen, sind die bereits gelernten Aufgaben im Zahlenraum bis 10 als sogenannte Analogien nützlich. Wenn Ihre Schüler bspw. 5 + 4 ausrechnen können (den Zahlenraum bis 10 sollten Ihre Schüler automatisiert haben, s. Voraussetzungen), dann lernen sie auch schnell, was 15 + 4 bzw. **14 + 5** (Strategie Tauschaufgabe, s. erster Band) ergibt, da lediglich die Zehn noch addiert werden muss.

Verwenden Sie für das Üben solcher Aufgabentypen die Mengenbildkarten und decken Sie zunächst den Zehner ab. Wenn Ihre Schüler die Aufgabe im Zahlenraum bis 10 gelöst haben, wird der Zehner hinzugenommen und die Aufgabe erneut berechnet. Ihre Schüler werden merken, dass es „eigentlich die gleiche Aufgabe" ist, nur mit einem Zehner mehr.

Nutzen Sie dabei auch einen weiteren bekannten „Trick": Wenn Sie mit Ihrer Klasse bspw. die Plusaufgabe 12 + 6 bearbeiten (entsprechend der Aufgabe 2 + 6), bedeutet dies, zunächst bei den Einern die große Zahl „nach vorne zu holen", d.h. 6 + 2 zu rechnen und anschließend die 10 hinzuzufügen. Dieser Trick wurde im Band 1 in der Übungseinheit 4 bei den sogenannten Tauschaufgaben angewendet und ist auf den Zahlenraum bis 20 übertragbar.

Weitere Beispiele:
11 + 8 → 8 + 1 + 10
13 + 6 → 6 + 3 + 10
14 + 5 → 5 + 4 + 10

Lassen Sie Ihre Schüler selbst Analogieaufgaben aufschreiben (z.B. 6 + 2, 16 + 2) und begründen, warum sie bei der zweiten Aufgabe „eigentlich gar nicht mehr rechnen müssen".

Einfache Additions- und Subtraktionsaufgaben

 Anmerkungen zu den Kopiervorlagen

Sie finden bei den Kopiervorlagen zu dieser Übungseinheit **sowohl Vorlagen mit Würfelbilddarstellungen als auch mit Zehnerstangen und können entscheiden**, welche Darstellungsform Sie für Ihre Schüler für geeignet halten (Sie können auch beide Varianten anbieten, deshalb sind unterschiedliche Aufgaben gewählt – Ausnahme: Analogieaufgaben, da hier die Variante mit den Zehnerstangen „einleuchtender" ist).

Unter den Kopiervorlagen für diese Übungseinheit ist auch eine **Blankokopiervorlage** für das Rechnen mit den Würfelbildern für die Zahlen bis 20 zu finden. Diese kann für alle weiteren Übungseinheiten eingesetzt werden. Sie können hier entweder die Mengenbilder vorzeichnen oder diese die Schüler selbst malen lassen.
Wenn Ihre Schüler gut mit den Modellen „Schiff" und „Insel" für die Rechenoperationen aus Band 1 zurechtgekommen sind, können Sie natürlich dazu wieder die Kopiervorlagen verwenden, ebenso wie andere aus dem ersten Band.

Symbolkarte – Einfache Aufgaben

KV 2/1

Das ist doch gelacht!

Das ist doch gelacht!

Das ist doch gelacht!

Das ist doch gelacht!

Das ist doch gelacht!

Das ist doch gelacht!

Das ist doch gelacht!

Jasmin Jost: Wir erobern den Zahlenraum bis 20
© Persen Verlag

Einfache Plusaufgaben

1 Wie viele Edelsteine sind insgesamt in der Schatzkiste?
Bearbeite die Aufgaben.

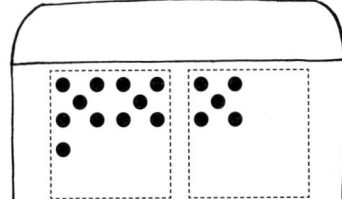
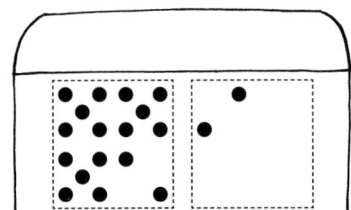

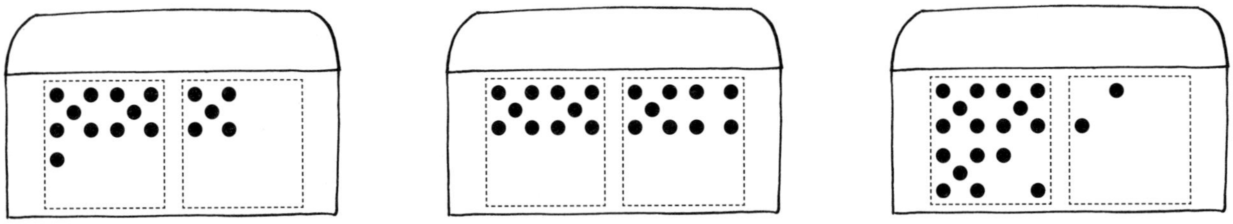

11 + 5 = _____   10 + 9 = _____   17 + 2 = _____

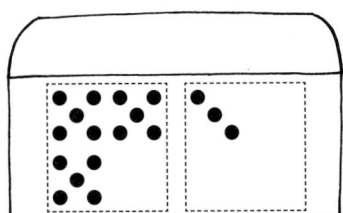
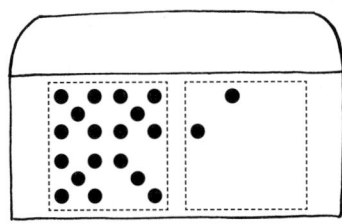
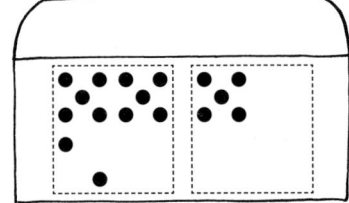

15 + 3 = _____   18 + 2 = _____   12 + 5 = _____

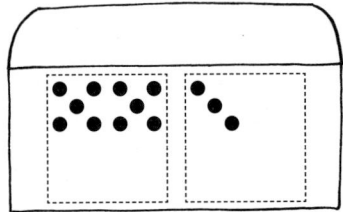
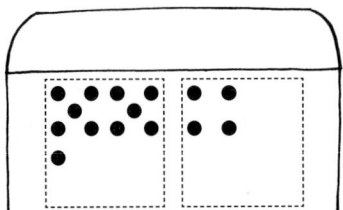
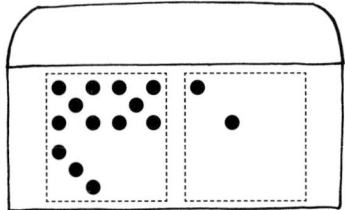

___ + ___ = _____   ___ + ___ = _____   ___ + ___ = _____

2 Male die Mengenbilder und rechne aus.

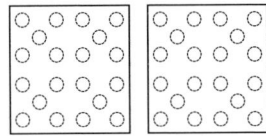
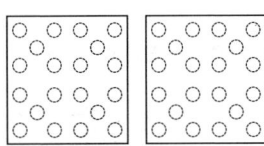

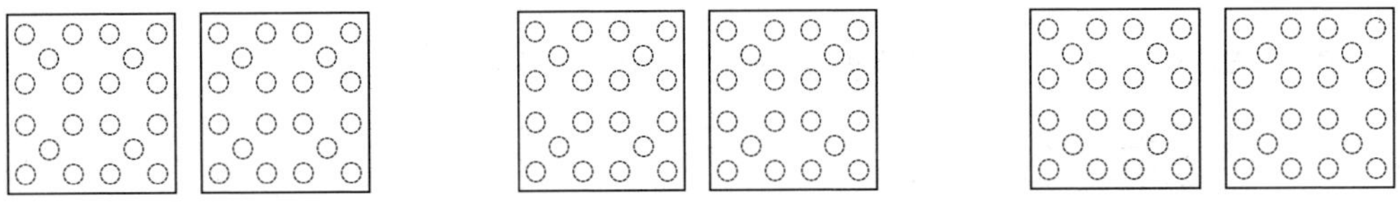

16 + 2 = _____   16 + 4 = _____   10 + 7 = _____

3 Denk dir die Würfelbilder und rechne aus.

10 + 4 = _____   11 + 6 = _____   12 + 6 = _____

Einfache Plusaufgaben

1 ✏️ Wie viele Edelsteine sind insgesamt in der Schatzkiste?
Bearbeite die Aufgaben.

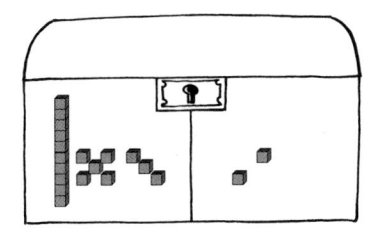

18 + 2 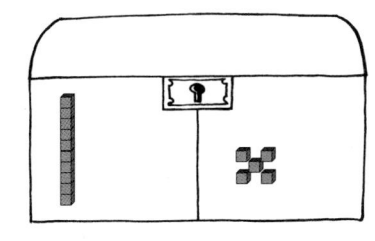 = _____   10 + 5 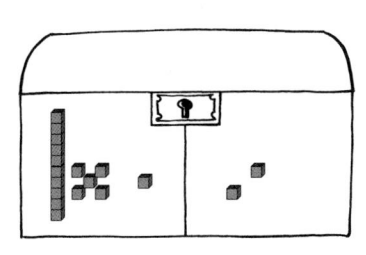 = _____   16 + 2 = _____

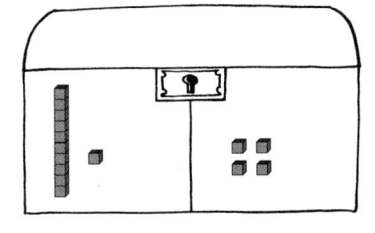

11 + 4 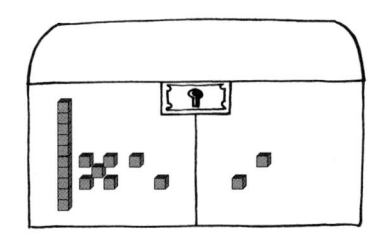 = _____   17 + 2 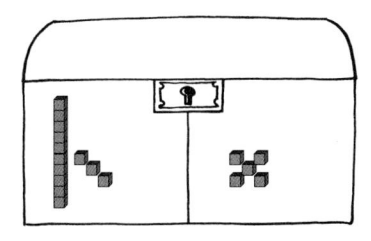 = _____   13 + 5 = _____

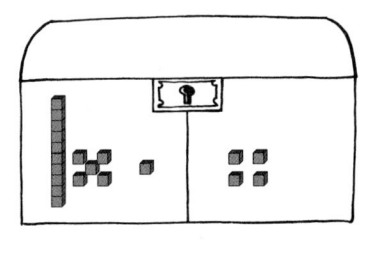

___ + ___ = _____   ___ + ___ = _____   ___ + ___ = _____

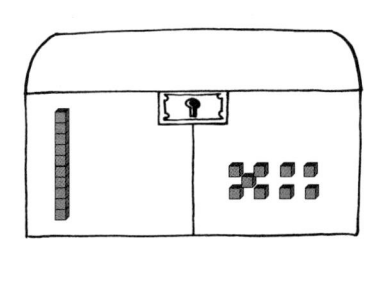

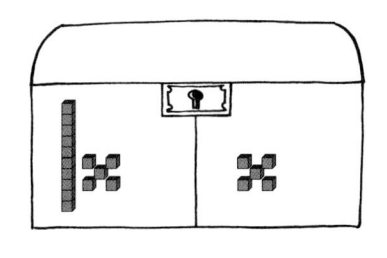

2 ✏️ Male das zweite Mengenbild dazu und rechne aus.

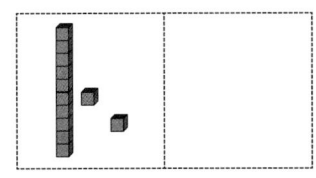

12 + 6 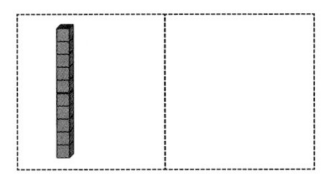 = _____   10 + 7 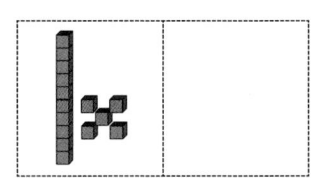 = _____   15 + 3 = _____

3 ✏️ Denk dir die Mengenbilder und rechne aus.

10 + 8 = _____   11 + 3 = _____   12 + 5 = _____

Einfache Minusaufgaben

1 ✏️ **Bearbeite die Aufgaben.**

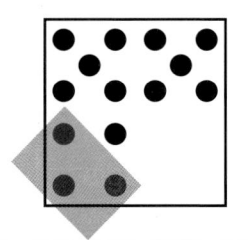

14 – 3 = _____

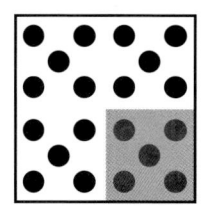

20 – 5 = _____

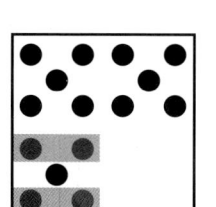

15 – 4 = _____

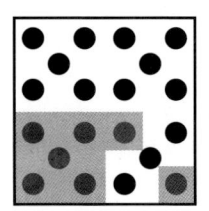

20 – 7 = _____

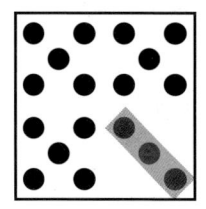

18 – 3 = _____

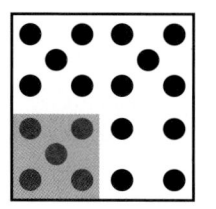

19 – 5 = _____

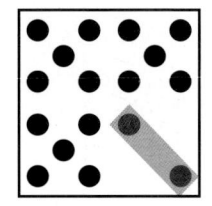

17 – 2 = _____

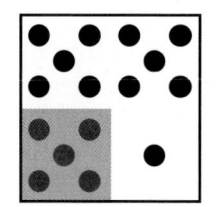

16 – 5 = _____

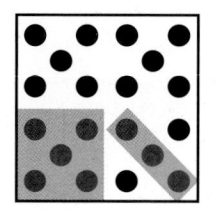

20 – 8 = _____

2 ✏️ **Wie heißt die Aufgabe? Rechne sie aus.**

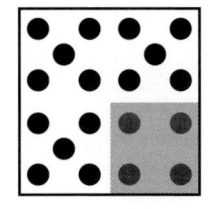

___ – ___ = _____

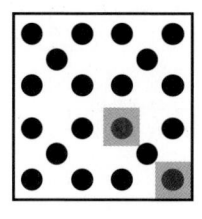

___ – ___ = _____

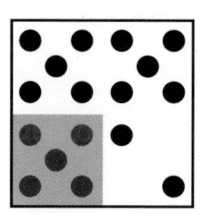

___ – ___ = _____

3 ✏️ **Denk dir die Würfelbilder und rechne aus.**

13 – 3 = _____   18 – 5 = _____   20 – 4 = _____

Einfache Minusaufgaben

1 ✏️ **Bearbeite die Aufgaben.**

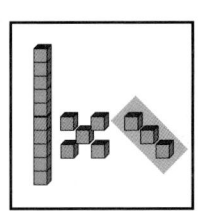

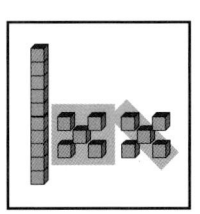

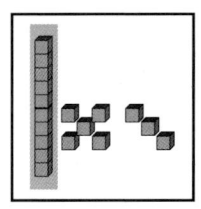

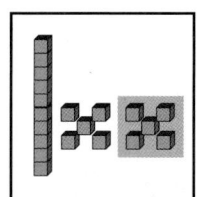

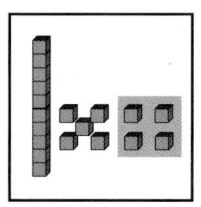

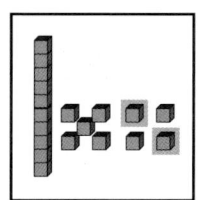

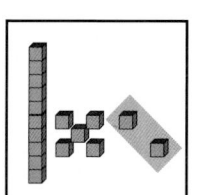

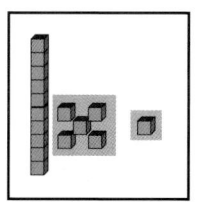

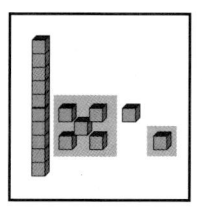

18 − 3 = _____   20 − 5 = _____   17 − 2 = _____

20 − 8 = _____   19 − 4 = _____   16 − 6 = _____

18 − 10 = _____   19 − 2 = _____   17 − 6 = _____

2 ✏️ **Wie heißt die Aufgabe? Rechne sie aus.**

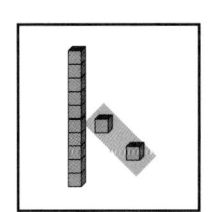

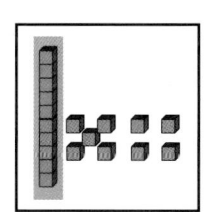

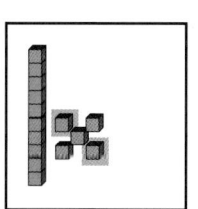

___ − ___ = ___   ___ − ___ = ___   ___ − ___ = ___

3 ✏️ **Denk dir die Würfelbilder und rechne aus.**

13 − 2 = _____   19 − 5 = _____   20 − 6 = _____

Verwandte Aufgaben, Addition

1 ✏️ Aufgaben für schlaue Köpfe! Löse die Aufgabenpäckchen.

7 + 1 = ___	6 + 3 = ___
↓	↓
17 + 1 = ___	16 + 3 = ___

5 + 2 = ___	4 + 3 = ___
↓	↓
15 + 2 = ___	14 + 3 = ___

2 ✏️ Male und löse die Aufgaben.

7 + 2 = ___	5 + 4 = ___
↓	↓
17 + 2 = ___	15 + 4 = ___

3 ✏️ Denke dir die Zahlen und rechne aus.

3 + 5 = ___	3 + 6 = ___	6 + 2 = ___
↓	↓	↓
13 + 5 = ___	13 + 6 = ___	16 + 2 = ___

2 + 2 = ___	3 + 3 = ___	5 + 3 = ___
↓	↓	↓
12 + 2 = ___	13 + 3 = ___	15 + 3 = ___

Verwandte Aufgaben, Subtraktion

1 Aufgaben für schlaue Köpfe! Löse die Aufgabenpäckchen.

7 − 4 = ___	6 − 3 = ___
↓	↓
17 − 4 = ___	16 − 3 = ___

5 − 2 = ___	9 − 5 = ___
↓	↓
15 − 2 = ___	19 − 5 = ___

2 Male und löse die Aufgaben.

8 − 4 = ___	9 − 7 = ___
↓	↓
18 − 4 = ___	19 − 7 = ___

3 Denke dir die Zahlen und rechne aus.

9 − 4 = ___	6 − 3 = ___	8 − 2 = ___
↓	↓	↓
19 − 4 = ___	16 − 3 = ___	18 − 2 = ___

7 − 5 = ___	8 − 3 = ___	7 − 3 = ___
↓	↓	↓
17 − 5 = ___	18 − 3 = ___	17 − 3 = ___

Rechensport

KV 2/8

1. Nimm deine Mengenbilder und bearbeite die Aufgaben: Tippe bei + 1 und + 2 mit den Fingern die Menge dazu. Decke bei – 1 und – 2 mit den Fingern die Menge ab.

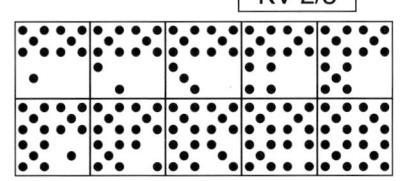

1.

	+ 1	– 1	2 mehr	2 weniger

2.

	+ 1	– 1	+ 2	– 2

3.

	1 mehr	1 weniger	2 mehr	2 weniger

4.

	1 mehr	1 weniger	2 mehr	2 weniger

2 Überlege dir selbst eine Zahl:

	+ 1	– 1	+ 2	– 2

Blankovorlage – Addition (für alle Übungseinheiten)

1 ✏️ **Schau genau und rechne aus.**

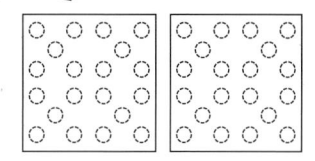

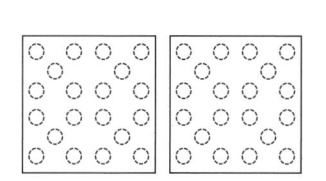

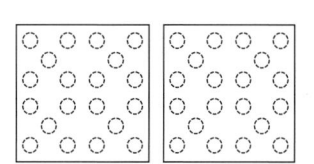

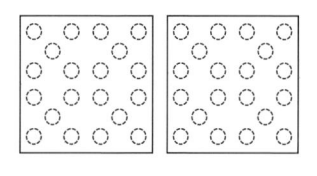

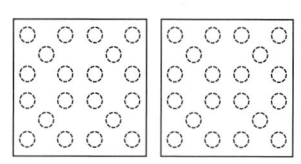

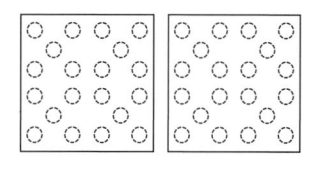

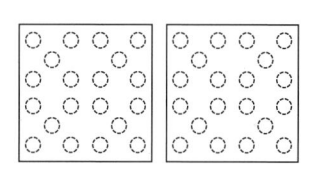

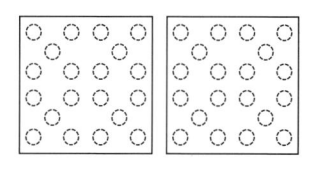

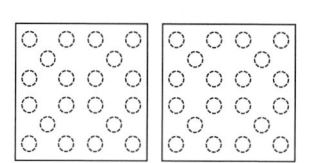

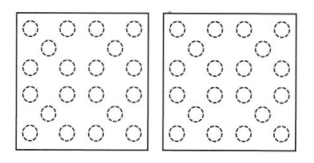

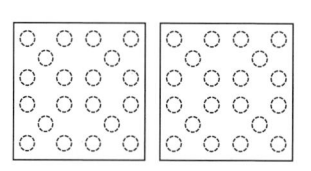

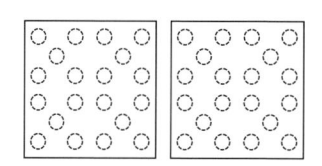

___ + ___ = _____   ___ + ___ = _____   ___ + ___ = _____

___ + ___ = _____   ___ + ___ = _____   ___ + ___ = _____

___ + ___ = _____   ___ + ___ = _____   ___ + ___ = _____

___ + ___ = _____   ___ + ___ = _____   ___ + ___ = _____

2 ✏️ **Denk dir die Würfelbilder und rechne aus.**

___ + ___ = _____   ___ + ___ = _____

___ + ___ = _____   ___ + ___ = _____

3 ✏️ **Achtung! Wo hat Herr Schummel Fehler eingeschmuggelt? Finde sie!**

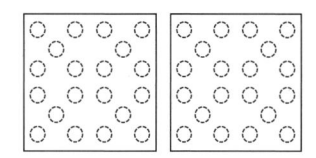

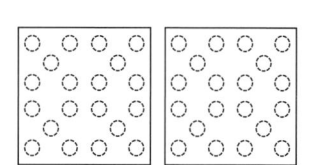

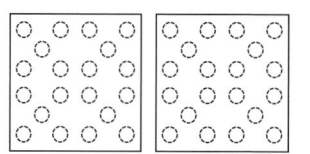

___ + ___ = _____   ___ + ___ = _____   ___ + ___ = _____

Blankovorlage – Subtraktion (für alle Übungseinheiten)

1 ✏️ Schau genau und rechne aus.

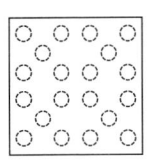

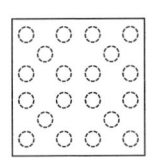

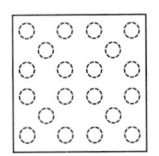

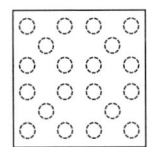

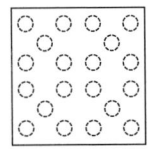

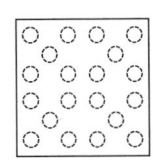

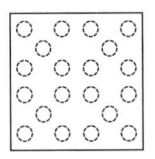

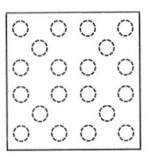

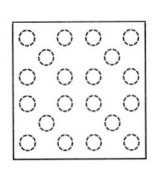

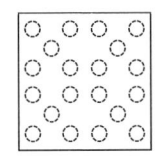

___ − ___ = _____   ___ − ___ = _____   ___ − ___ = _____

___ − ___ = _____   ___ − ___ = _____   ___ − ___ = _____

___ − ___ = _____   ___ − ___ = _____   ___ − ___ = _____

___ − ___ = _____   ___ − ___ = _____   ___ − ___ = _____

2 ✏️ Denk dir die Würfelbilder und rechne aus.

___ − ___ = _____   ___ − ___ = _____

___ − ___ = _____   ___ − ___ = _____

3 ✏️ Achtung! Wo hat Herr Schummel Fehler eingeschmuggelt? Finde sie!

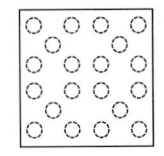

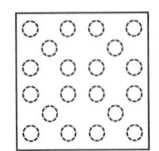

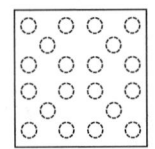

___ − ___ = _____   ___ − ___ = _____   ___ − ___ = _____

Schritt-für-Schritt-Aufgaben

Schritt für Schritt wird's der Hit!

Bei den „Schritt-für-Schritt-Aufgaben" handelt es sich um sehr wenige Aufgaben, für die es keinen eindeutigen oder schnell ersichtlichen „Trick" gibt (z. B. 7 + 4, 13 − 4, 12 − 3). Sie müssen in mehreren Schritten durchgeführt werden, solange sie nicht automatisiert sind.
Beim Bearbeiten werden genau zwei Schritte hintereinander ausgeführt:
- Zunächst wird zum Zehner ergänzt/abgezogen,
- anschließend wird der Rest addiert/subtrahiert.

Die Zahl, die hinzugefügt oder abgezogen wird, muss also in zwei Teile zerlegt werden. Deshalb ist es wichtig, dass Ihre Klasse alle Zahlen bis 10 in allen Varianten zerlegen kann (s. Band 1). Die Passer-Aufgaben müssen beherrscht werden.
Zur Einführung dieser Aufgaben empfehle ich, zunächst die Aufgaben zu „handeln", um zu verdeutlichen, dass die Aufgabe in zwei Teilhandlungen zerlegt wird.
Gehen Sie folgendermaßen vor:

1. Stecken/Legen Sie mit Ihren Schülern eine Aufgabe, z. B. 7 + 4

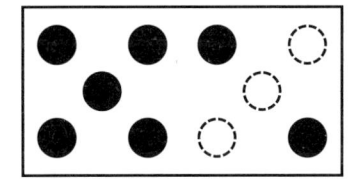

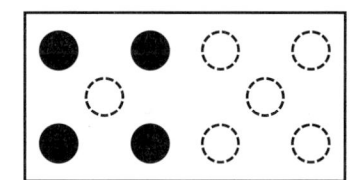

Im ersten Schritt wird die 10 „vollgemacht", indem von der 4 die Teilmenge 3 zur 7 hinzugefügt wird: 7 + 3 = 10. Danach wird die Restmenge 1 addiert: 10 + 1 = 11

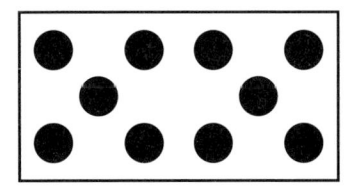

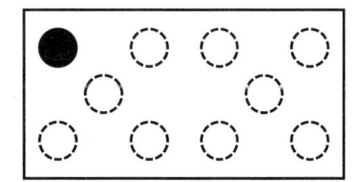

Verwenden Sie dazu die folgende Darstellungsweise, da hier das Rechnen in Schritten gut veranschaulicht wird.

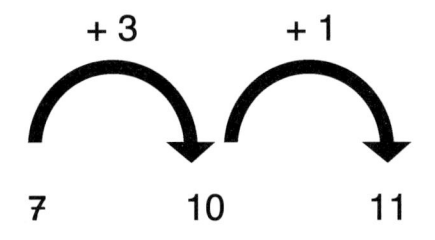

7 —(+3)→ 10 —(+1)→ 11

Schritt-für-Schritt-Aufgaben

2. Sie legen die Mengenbildkarten, Ihre Schüler sollen „mit den Augen" die einzelnen Rechenschritte durchführen. Auch die Bearbeitung der Arbeitsblätter verlangt von Ihren Schülern, dass die einzelnen Rechenschritte „mit den Augen" vollzogen werden.

> Dabei ist es sehr wichtig, dass Ihre Schüler lernen, ihre eigenen Vorgehensweisen zu beschreiben, d.h. alles, was sie beim Rechnen tun, sprachlich zu begleiten.
>
> Dieses „laute Denken" hilft dabei, sich der einzelnen Rechenschritte bewusst zu werden, d.h. auf den „inneren Bildschirm" zu übertragen und sie dort abzuspeichern.

3. Im letzten Schritt nennen Sie eine Aufgabe, die Ihre Schüler ohne Anschauung, d.h. im Kopf, bearbeiten sollen. Ihre Schüler beschreiben Ihnen dabei zunächst alle einzelnen Rechenschritte (z. B. „Bei der 7 sind noch 3 Plätze frei, dann ist die Zehn voll", usw.). Eine Motivation und gute Übungsmöglichkeit stellt dabei der Einsatz einer Augenbinde („Piratenklappe") dar, um dieses „innere Sehen" zu schulen („Die Augen werden geschlossen, der innere Bildschirm wird eingeschaltet…"). Wenn das Kind, das gerade die Aufgabe bearbeitet, beim Beschreiben einen Fehler macht, betätigen Sie (oder ein vorher festgelegter Mitschüler) sofort eine Klingel, die dem Kind signalisiert, den Rechenweg nochmals auf dem „inneren Bildschirm" zu überprüfen. Eine Klingel ist angenehmer, als wenn das einzelne Kind immer wieder mündlich darauf hingewiesen werden würde. Wichtig ist beim Üben im Klassenverband, bestimmte Regeln zu besprechen, wenn ein Kind in der Klasse so mutig ist, eine „Piratenaufgabe" vor der ganzen Klasse zu lösen (z. B. „Es darf nicht gelacht werden, wenn das rechnende Kind nicht weiterweiß!" – Allerdings habe ich dies auch bisher nie erlebt, da es ja mutig ist, wenn ein Kind vor allen Mitschülern mit verbundenen Augen rechnet). Eine Alternative ist das Partnerrechnen, bei dem ein Kind seinem Tischnachbarn vorrechnet und dieser die Handlung mit dem Rechenschiff und den Edelsteinen durchführt.

Analog zu den Additionsaufgaben wird bei den **Subtraktionsaufgaben** zunächst die Menge weggenommen, die größer als 10 ist. Danach wird der Rest von der 10 abgezogen. Am Mengenbild ist deutlich „sichtbar", wie viel zunächst subtrahiert werden muss, um „Rast" bei 10 zu machen. Wie bereits erwähnt, ist es sehr wichtig, dass Ihre Schüler die Zahlen bis 10 gut zerlegen können (s. Band 1, Kapitel 2).

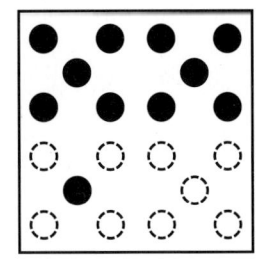

$$11 - 4 = 7$$
$$\diagup\diagdown$$
$$13$$

Üben Sie die Subtraktionsaufgaben in gleicher Art wie die Additionsaufgaben, bis Ihre Schüler die Schritt-für-Schritt-Aufgaben ohne Zerlegen weitestgehend lösen können.

Symbolkarte „Schritt-für-Schritt-Aufgaben"

KV 3/1

Ich schaff es Schritt für Schritt mit Rast bei 10 auch ohne Trick!

Schritt für Schritt wird's der Hit!

Schritt für Schritt wird's der Hit! | Schritt für Schritt wird's der Hit! | Schritt für Schritt wird's der Hit!

Schritt für Schritt wird's der Hit! | Schritt für Schritt wird's der Hit! | Schritt für Schritt wird's der Hit!

Jasmin Jost: Wir erobern den Zahlenraum bis 20
© Persen Verlag

Schritt-für-Schritt-Aufgaben, Addition

KV 3/2

1 ✏️ **Rechne Schritt für Schritt – zuerst zum Zehner, dann weiter.**

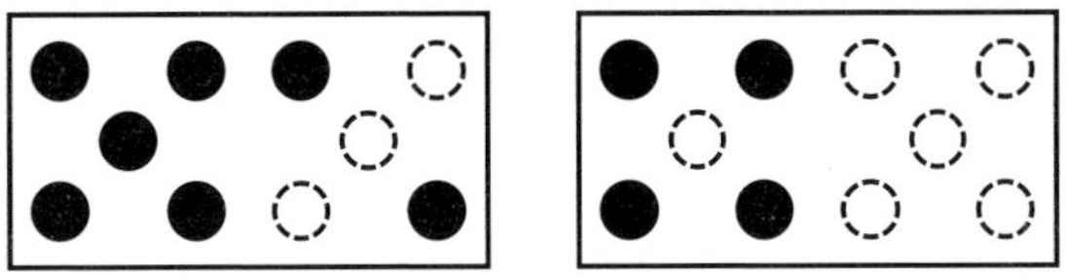

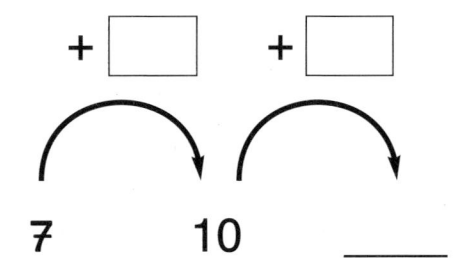

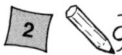

7 + 4 = ____   7 → 10 → ____

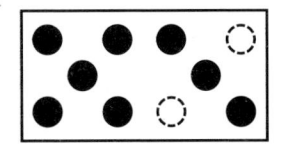

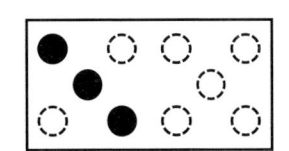

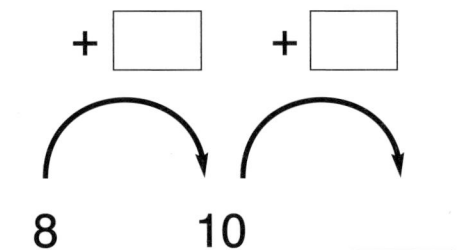

8 + 3 = ____   8 → 10 → ____

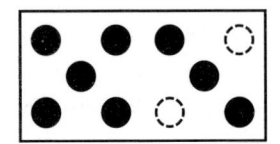

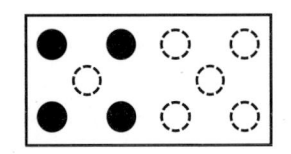

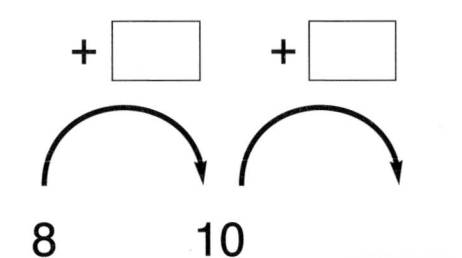

8 + 4 = ____   8 → 10 → ____

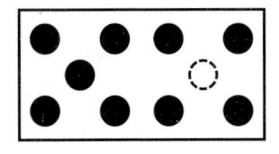

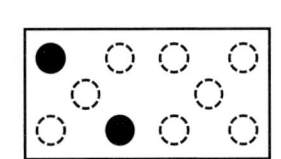

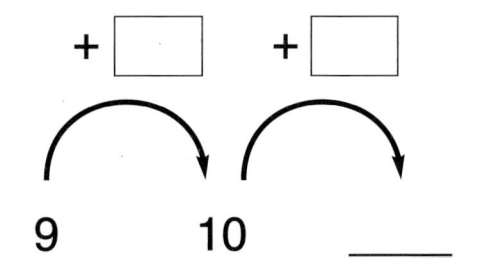

9 + 2 = ____   9 → 10 → ____

2 ✏️ **Deck die Aufgaben oben ab. Beschreibe genau, wie du rechnest!**

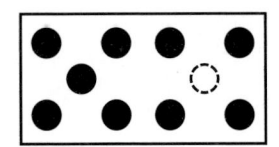

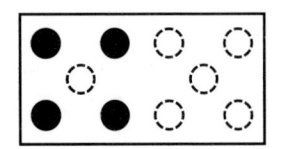

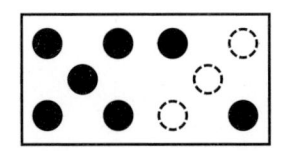

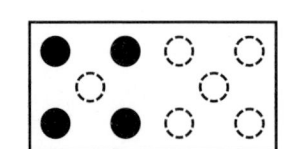

9 + 4 = ____   7 + 4 = ____

Schritt-für-Schritt-Aufgaben, Subtraktion

KV 3/3

1 ✏️ Nun geht's Schritt für Schritt zurück. Mach dabei auch Rast bei 10.

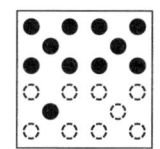

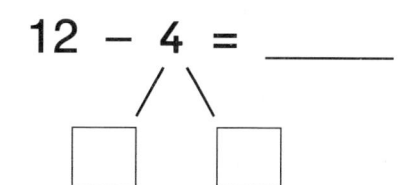

11 − 4 = _____

11 − 4 = _____
　　　／＼
　　□　　□

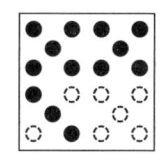

13 − 4 = _____

13 − 4 = _____
　　　／＼
　　□　　□

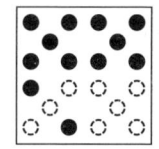

12 − 3 = _____

12 − 3 = _____
　　　／＼
　　□　　□

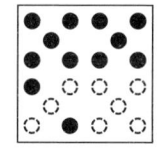

12 − 4 = _____

12 − 4 = _____
　　　／＼
　　□　　□

2 ✏️ Decke oben ab. Kannst du dir schon das Würfelbild denken? Rechne aus. Beschreibe, wie du rechnest!

11 − 3 = _____　　　12 − 4 = _____
　／＼　　　　　　　　　／＼
□　　□　　　　　　　□　　□

13 − 4 = _____　　　11 − 2 = _____
　／＼　　　　　　　　　／＼
□　　□　　　　　　　□　　□

Jasmin Jost: Wir erobern den Zahlenraum bis 20
© Persen Verlag

Schritt-für-Schritt-Aufgaben, Addition

KV 3/4

1 ✏️ Schreibe die Aufgaben auf.

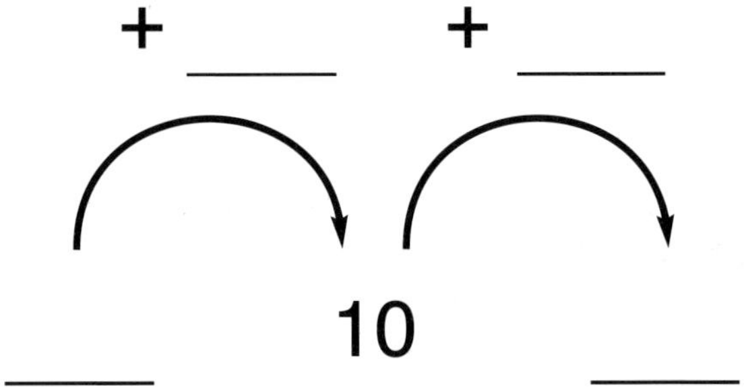

8 + 4 = ____

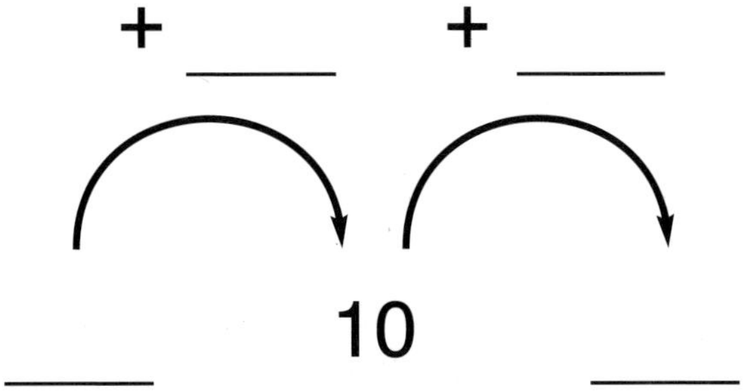

___ + ___ → 10 + ___ → ___

9 + 3 = ____

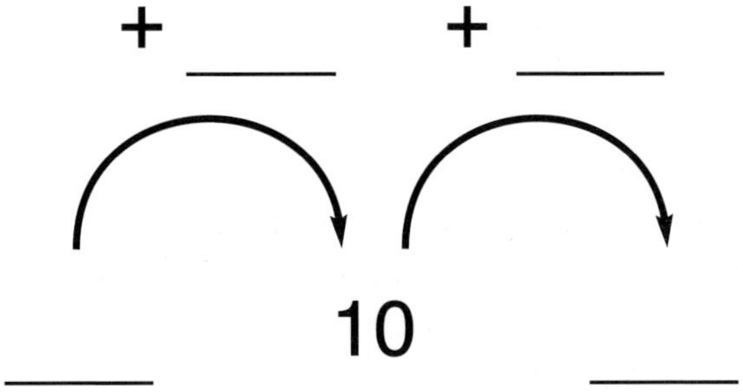

___ + ___ → 10 + ___ → ___

7 + 4 = ____

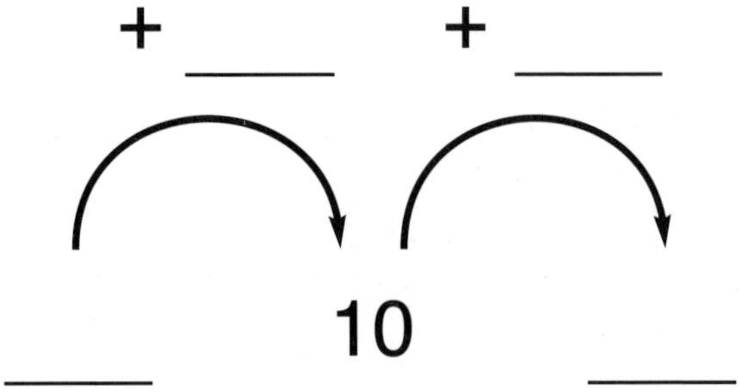

___ + ___ → 10 + ___ → ___

9 + 4 = ____

___ + ___ → 10 + ___ → ___

Vorbemerkung zu den folgenden Strategien

Die im Folgenden vorgestellten Strategien sind für Aufgaben mit Zehnerübergang sehr hilfreich. Die Mengenbilder mit der Fünferstrukturierung stellen dabei eine ideale Anschauungshilfe dar, um diese wichtigen Strategien „sichtbar" zu machen.

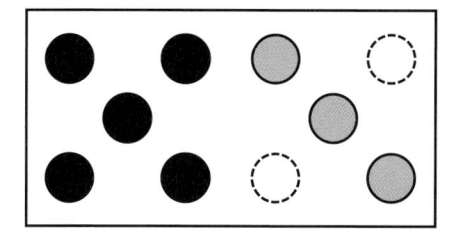

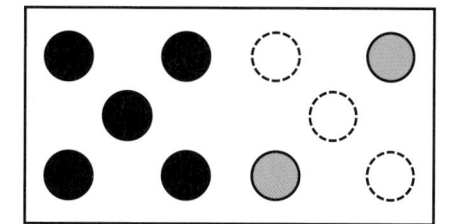

Beispiel: „Kraft der Fünf" – Fünfer-Trick bei der Aufgabe 8 + 7: Die zwei Fünfer können als bekannte „Doppelfünf" von den Kindern sofort als Zehn erfasst werden.

Es ist sinnvoll, für jede Strategie eine bestimmte Farbe und ein bestimmtes Symbol zu wählen, um die Besonderheit jeder einzelnen Strategie hervorzuheben und dadurch im Gedächtnis besser abspeichern zu können (z. B. ein Spiegel für die Strategie „Verdoppeln"). Unter den Kopiervorlagen finden Sie zu jeder Strategie einen Vorschlag.

Sie können nach Einführung einer Strategie das Symbolbild mit Ihren Schülern gestalten, Aufgaben dazu überlegen und dann an einer Wand im Klassenzimmer gut sichtbar anbringen.

Auch empfehle ich, jedem Schüler diese Symbolkarte in kleinerer Version auszuteilen, um später damit Übungen durchzuführen und/oder in ein Rechentagebuch zu kleben, in dem dann Aufgaben zum jeweiligen Trick gesammelt werden. Ich empfehle, ein spezielles Heft für den bewussten Umgang mit den Strategien anzulegen (Trickheft). Ihre Lerngruppe soll nach dem Kennenlernen einer neuen Strategie diese selbst formulieren (mit Ihrer Hilfe) und anschließend Beispiele in das Heft eintragen, bevor die Seite schön ausgestaltet wird.

Es ist grundsätzlich wichtig, Ihrer Klasse mehrere Strategien in übersichtlicher Anzahl vorzustellen. Ihre Schüler werden ganz individuell unterschiedliche „Lieblingstricks" finden und nutzen lernen, während andere Strategien kaum beachtet werden.

Zur thematischen Einbettung in das Piratenthema ist es denkbar, dass der kleine Pirat verschiedene „Trick-Inseln" bereist und dort jeweils einen neuen Trick kennenlernt oder Strategien erlernen muss, um auf den Inseln befindliche Schätze zu bekommen. Er notiert sich dabei alles in seinem „Trickheft".

Neuner-Trick

**Aus Neun denk ich mir schnell 'ne Zehn,
deshalb muss eins beim andern gehn.**

Neuner-Trick!

Der Neuner-Trick bezieht sich auf Additionsaufgaben, in denen eine Teilmenge 9 ist,
wie z. B. bei den Aufgaben 9 + 4, 9 + 7, 9 + 2 usw.
Um Ordnung zu schaffen – Ordnung bedeutet in diesem Fall auf Zehn aufzufüllen –, wird der Trick „**Rechne plus 10, nimm dann 1 wieder weg**" angewendet.
Bei der Aufgabe 9 + 7 wird also 10 + 7 − 1 gerechnet.

Erarbeiten Sie diesen Trick grundsätzlich mit Ihren Schülern in etwa folgenden Übungen:

1. Handeln mit den Würfelschiffen: Ihre Schüler „schaffen Ordnung", indem sie das Schiff mit den 9 Edelsteinen auf 10 mit einem Stein des zweiten Schiffes auffüllen. Dadurch wird die Menge im zweiten Schiff um 1 weniger.

2. Sie verwenden für das Üben der Aufgaben die Mengenbildkarten (Demonstration am Overheadprojektor oder an der Tafel, Ihre Schüler tun das Gleiche am Platz) und tippen auf die Karte der Menge 9 mit dem Finger 1 dazu, dann wird der Rest daneben getippt oder mit Material gelegt.

3. Sie zeigen Ihren Schülern die Mengenbilder der beiden Zahlen, das einzelne Kind holt „mit seinen Augen" (d.h. in seiner Vorstellung) 1 Punkt aus der zweiten Menge rüber in das Schiff mit den 9 Punkten, sodass dieses vollständig wird.

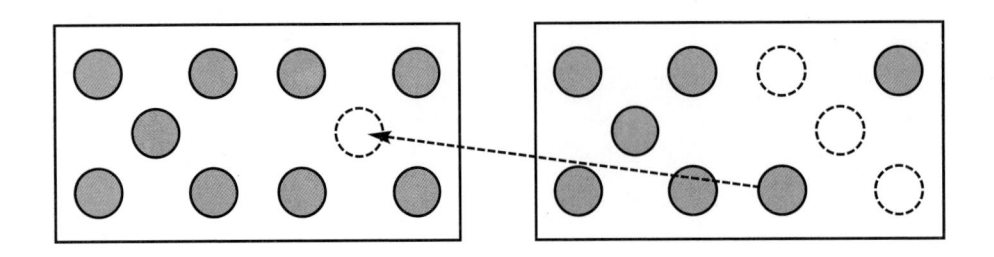

4. Im nächsten Schritt präsentieren Sie Ihrer Klasse lediglich das Kennbild der 9, Ihre Schüler sollen zu dieser Anfangsmenge die zweite Zahl „dazudenken". Wichtig ist, dass Sie Ihre Schüler immer wieder beschreiben lassen, wie sie in ihrer Vorstellung die Aufgabe bearbeiten.

5. Ihre Klasse bearbeitet die Aufgabe ohne visuelle Anschauung, nur noch aus der Vorstellung.

Ihre Schüler werden dabei sicherlich in individuell ganz unterschiedlichem Tempo die einzelnen Übungen auf dem Weg zum „inneren Sehen" meistern. Deshalb ist es wichtig, immer wieder zu beobachten, welchen Schritt jeder Einzelne gerade gehen kann, ob der ein oder andere Schüler vielleicht an einer Station auch etwas verweilen muss.

Analog zu den Additionsaufgaben wird auch bei bestimmten Minusaufgaben der Neunertrick verwendet, z. B. bei 13 – 9, 14 – 9 usw., bis 18 – 9. Hier ist es sinnvoll, Ihrer Klasse zu empfehlen: **„Rechne minus 10, gib dann 1 wieder dazu"**, d.h. bei der Aufgabe 14 – 9 würde man 14 – 10 + 1 rechnen, also zu der 14 + 1 dazudenken, da man ja auch 1 zu viel abgezogen hat.
Bei den Kopiervorlagen zum Neunertrick finden Sie lediglich zu den Additionsaufgaben Würfelbilddarstellungen, da diese bei den Minusaufgaben nur verwirrend wären.

Wenn Sie merken, dass der Neunertrick sehr gut angenommen wird, macht es Sinn, Ihrer Klasse analog dazu auch den **„Achtertrick"** vorzustellen. Diese Strategie empfiehlt: „Rechne plus (minus) 10, nimm dafür 2 wieder weg (gib dafür 2 wieder dazu)".
Auch der **„Elfertrick"** stellt eine sinnvolle Strategie dar. Bei der Aufgabe 11 + 7 beispielsweise ist es „schlau", 10 + 8 zu rechnen („Nimm von der 11 1 weg und gib dafür 1 bei 7 wieder dazu").
Um den Neuner-/Achter-/Elfertrick effektiv und schnell umsetzen zu können, sollten vorher die davor angesprochenen „kleinen Aufgaben" (+ 1, – 1, + 2, – 2) beherrscht werden.

Symbolkarte – Neuner-Trick

KV 4/1

Aus Neun denk ich mir schnell 'ne Zehn,

deshalb muss eins beim andern gehn.

Neuner-Trick!

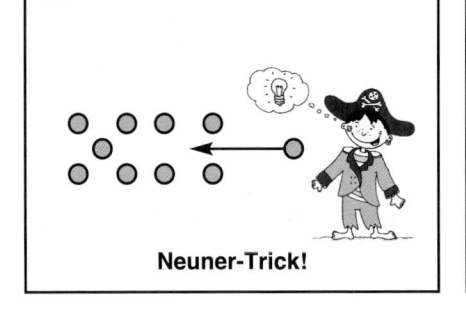

Neuner-Trick!

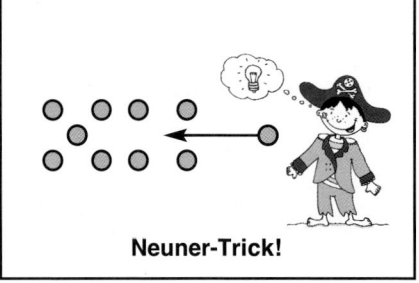

Neuner-Trick!

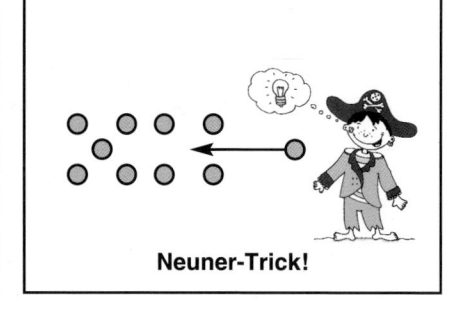

Neuner-Trick!

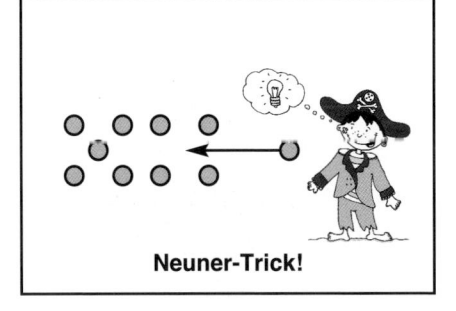

Neuner-Trick!

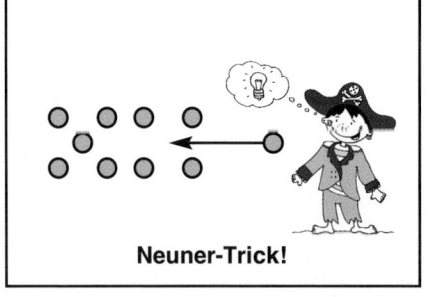

Neuner-Trick!

Neuner-Trick!

Neuner-Trick, Addition und Subtraktion

1 Fülle die 9 auf bis 10 und nimm dafür 1 beim anderen weg. Rechne aus.

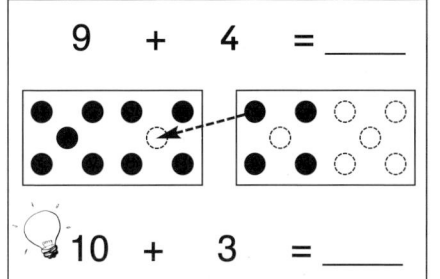

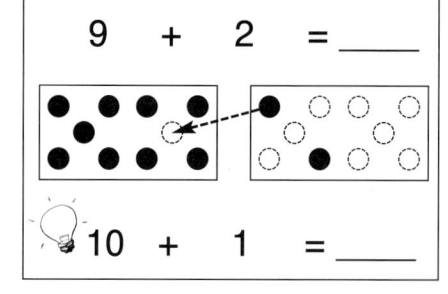

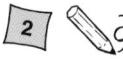

9 + 4 = ___
10 + 3 = ___

9 + 8 = ___ 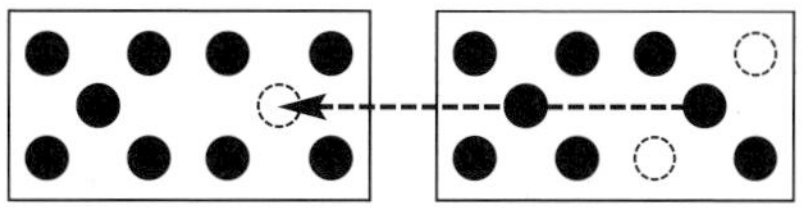
10 + 7 = ___

9 + 2 = ___
10 + 1 = ___

9 + 6 = ___
___ + ___ = ___

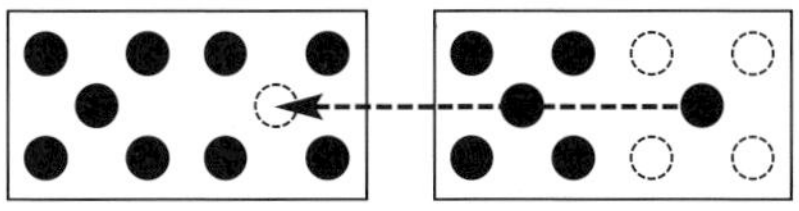

9 + 9 = ___
___ + ___ = ___

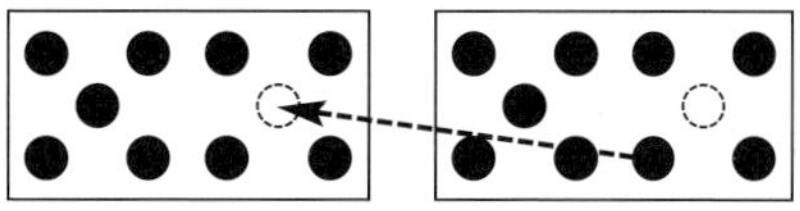

7 + 9 = ___
___ + ___ = ___

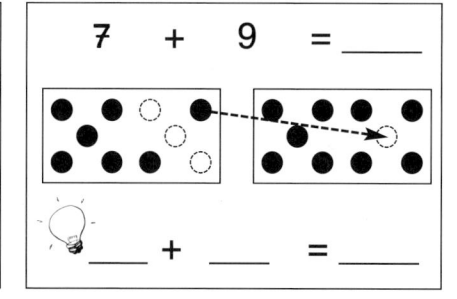

2 Rechne + 10 und nimm dafür 1 beim anderen weg.

7 + 9 ➡ 6 + 10 = _____

4 + 9 ➡ 3 + 10 = _____

3 Rechne nun – 10 und gib dafür 1 wieder dazu.

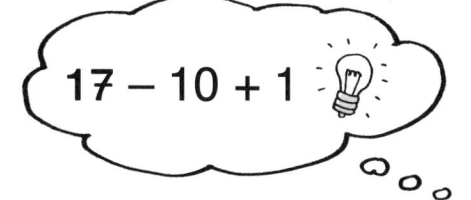

12 − 9 = _____   (12 − 10 + 1)

17 − 9 = _____   (17 − 10 + 1)

14 − 9 = _____   (14 − 10 + 1)

Neuner-Trick, Addition

KV 4/3

1 Fülle die 9 auf bis 10 und nimm dafür 1 beim anderen weg. Rechne aus.

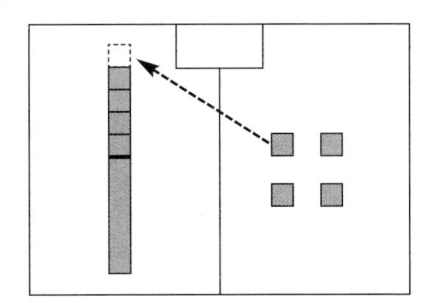

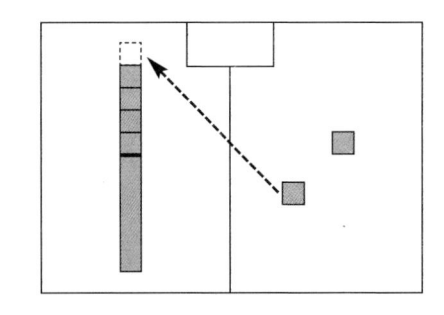

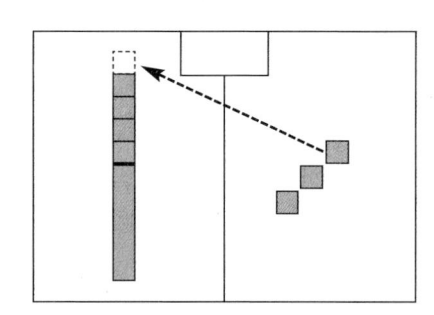

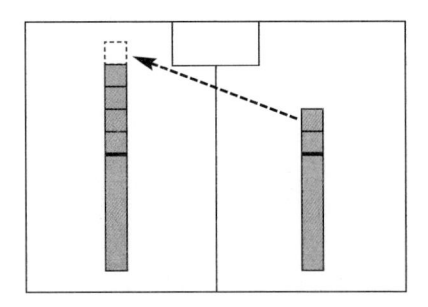

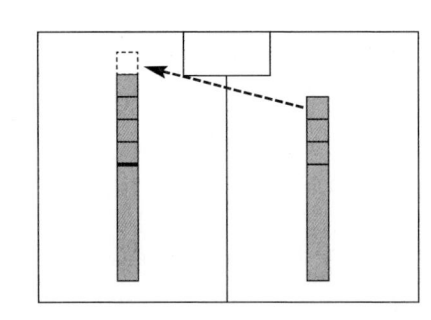

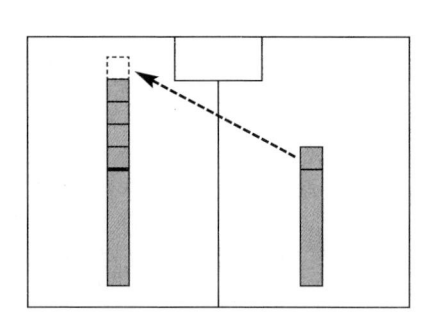

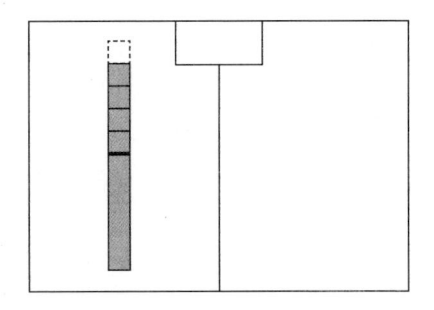

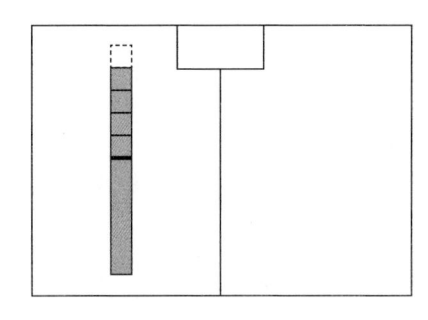

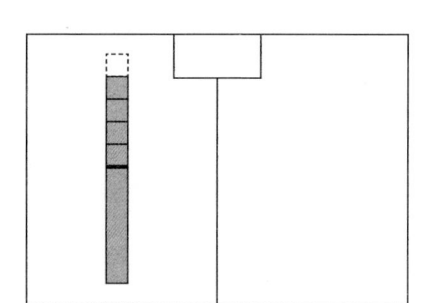

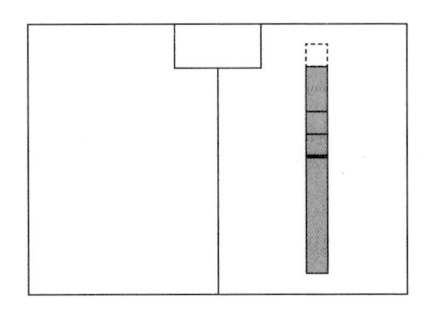

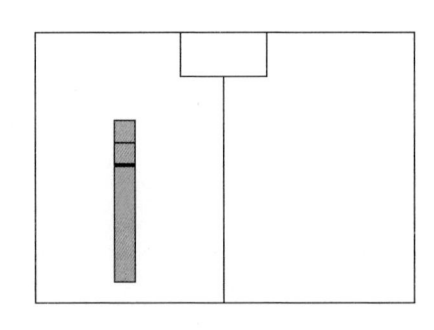

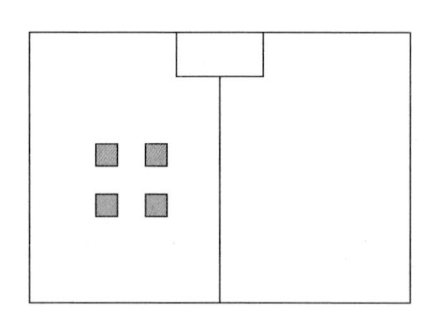

9 + 4 = ___

9 + 2 = ___

9 + 7 = ___

9 + ___ = ___

9 + 3 = ___

9 + 2 = ___

9 + 8 = ___

6 + 9 = ___

7 + 9 = ___

4 + 9 = ___

Neuner-Trick

1 ✂ **Schneide die Kärtchen aus.**

7 + 9 = ____	9 + 3 = ____	9 + 5 = ____
10 + 2 = ____	12 – 9 = ____	16 – 9 = ____
7 + 7 = ____	17 – 9 = ____	13 – 9 = ____

2 Welche Aufgaben dürfen ins Trickbuch?
Welche Aufgaben hat Herr Schummel eingeschmuggelt?
Klebe nur die passenden Kärtchen hier auf:

3 Diese Aufgaben hat Herr Schummel eingeschmuggelt:

Minusaufgaben durch Ergänzen lösen

Ich sehe den Unterschied !

Bei Minusaufgaben, bei denen sowohl die Anfangsmenge als auch die abzuziehende Zahl größere Zahlen sind und sehr nah beieinanderliegen (d.h. ähnlich große Mengen sind), gibt es grundsätzlich zwei Möglichkeiten der Bearbeitung.
- Sie können entweder wie gewohnt die Aufgabe durch „Wegnehmen" der Teilmenge lösen
- oder aber durch Vergleichen der beiden Mengen miteinander, also durch Ergänzen, bearbeiten.

Aufgabentypen, bei denen das Ergänzen Sinn macht, sind beispielsweise
19 – 17, 16 – 14, 18 – 15 usw.

Gehen Sie folgendermaßen vor:
1. Sie zeigen Ihren Schülern zwei Mengenkarten (z. B. von 18 und 16) und lassen sie den Unterschied, d.h. die Differenz zwischen beiden Mengen, bestimmen (= 2).
   Da die Mengen als strukturierte Mengenbilder sichtbar sind, wird es möglich, den Unterschied durch ein Vergleichen festzustellen. Anschließend soll die abzuziehende Menge auf der Anfangsmenge abgedeckt und bestimmt werden, was übrig bleibt.
   Danach wird die Aufgabe aufgeschrieben (18 – 16 = 2).

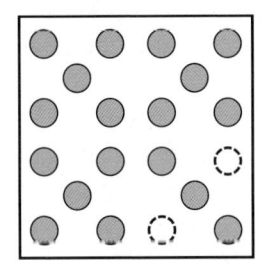

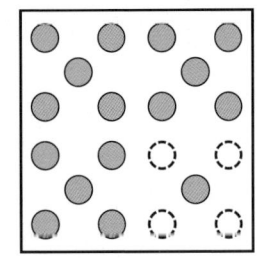

2. Im nächsten Schritt werden die Zahlen nur noch als Ziffern präsentiert. Ihre Schüler sollen die Differenz bestimmen, indem sie in ihrer Vorstellung den Mengenvergleich vornehmen.

   Für das Trainieren dieser „Strategie" ist das Spiel „Stechen" gut geeignet, das in der ersten Übungseinheit beschrieben wurde. Zusätzlich sollen nun auch die einzelnen Spieler noch bestimmen, welche Differenz zwischen den einzelnen Zahlen liegt, d.h. wie viel von der einen zur anderen Zahl fehlt. Die entsprechende Minusaufgabe soll dann auch noch in der Mathematik-Sprache notiert werden.

Symbolkarte – Minusaufgaben durch Ergänzen lösen

KV 5/1

Ich sehe den Unterschied!

Ich sehe den Unterschied!

Ich sehe den Unterschied!

Ich sehe den Unterschied!

Ich sehe den Unterschied!

Ich sehe den Unterschied!

Ich sehe den Unterschied!

Jasmin Jost: Wir erobern den Zahlenraum bis 20
© Persen Verlag

Minusaufgaben durch Ergänzen lösen

KV 5/2

1 Vergleiche immer 2 Mengenbilder miteinander. Wie groß ist der Unterschied?

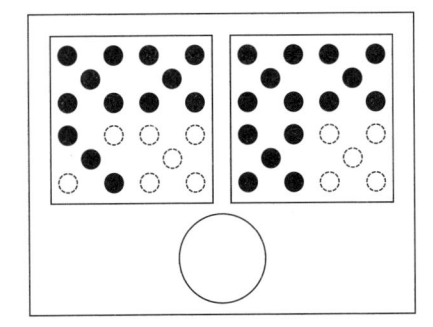

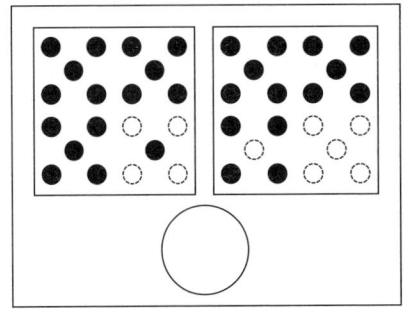

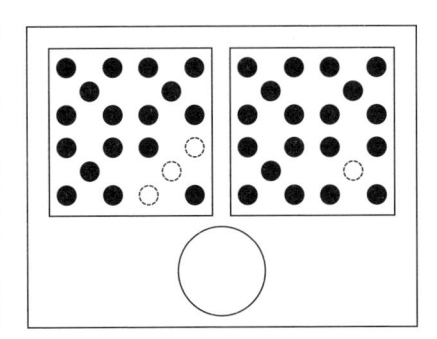

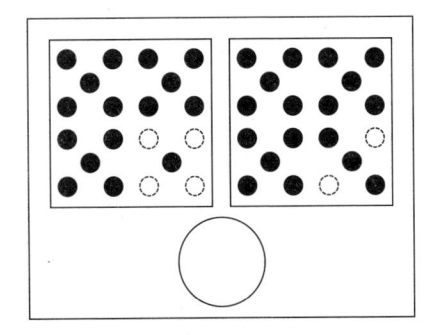

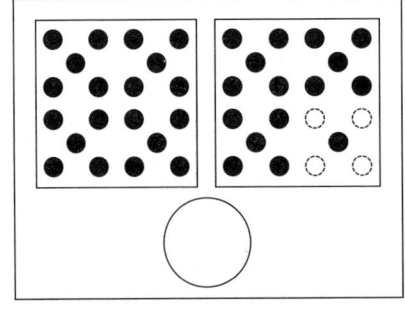

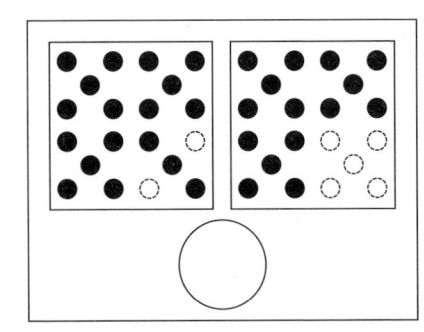

2 Denk dir die Mengenbilder. Wie groß ist der Unterschied?

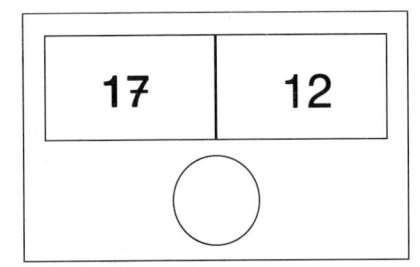

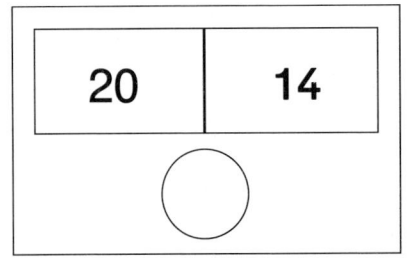

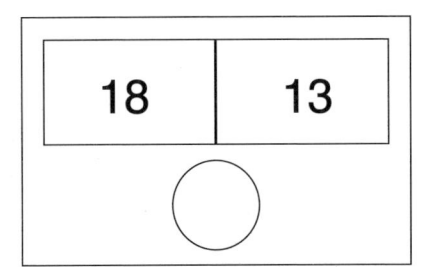

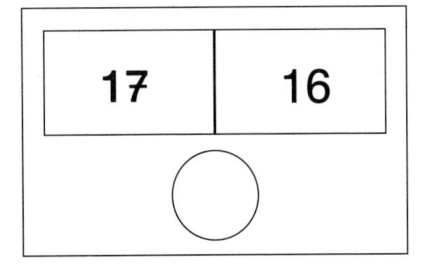

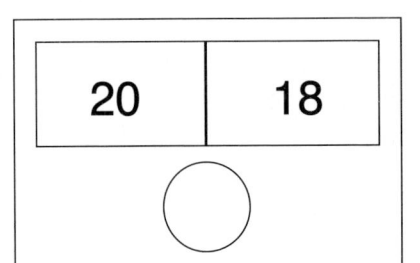

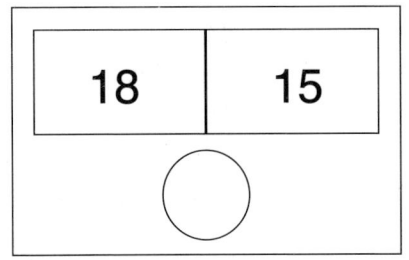

| 17 | 12 | | 20 | 14 | | 18 | 13 |

| 17 | 16 | | 20 | 18 | | 18 | 15 |

3 Rechne aus. Nimm die Menge mit den Augen weg!

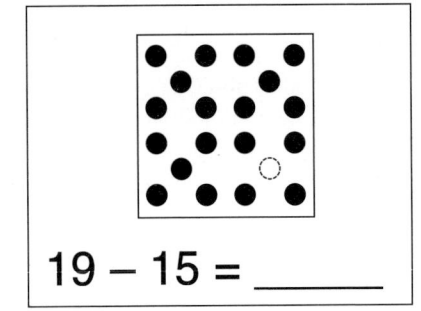

19 – 15 = _____

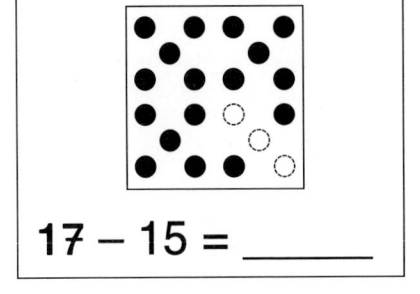

17 – 15 = _____

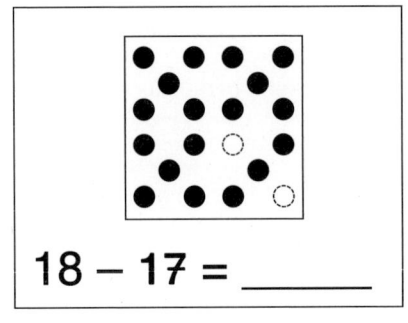

18 – 17 = _____

Minusaufgaben durch Ergänzen lösen

KV 5/3

1 ✏️ Rechne aus. Das Mengenbild hilft dir dabei.

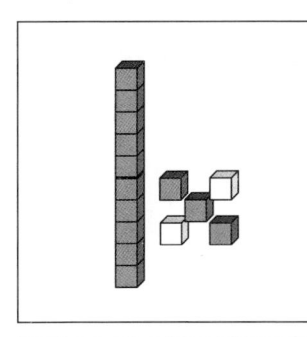

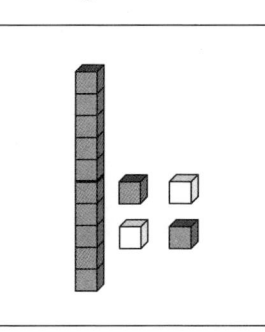

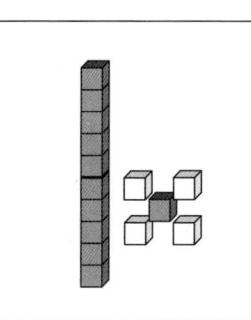

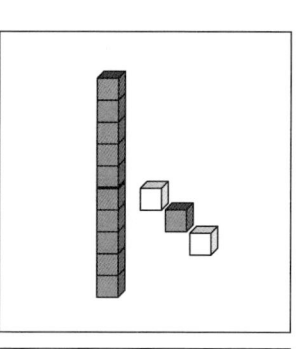

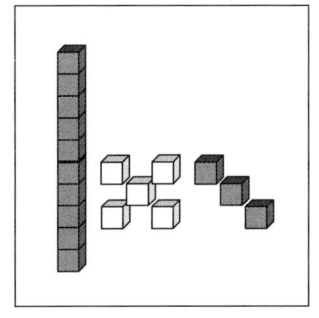

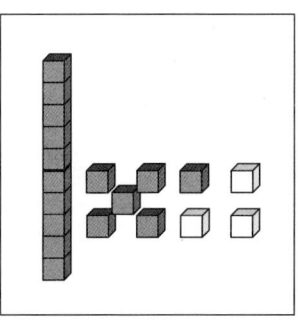

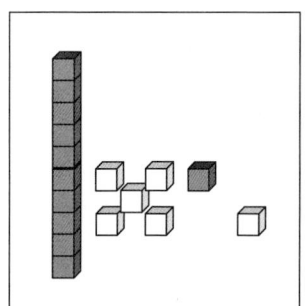

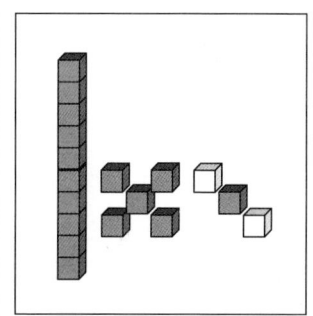

| 15 – 13 = ____ | 14 – 12 = ____ | 15 – 11 = ____ | 13 – 11 = ____ |

| 18 – 13 = ____ | 19 – 16 = ____ | 17 – 11 = ____ | 18 – 16 = ____ |

2 ✏️ Schau genau: Wie heißt die Aufgabe?

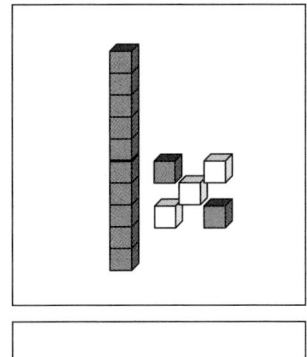

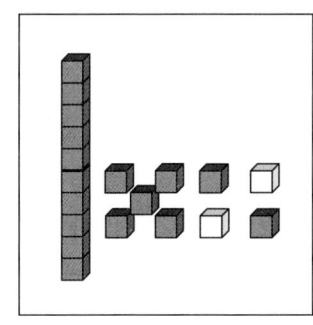

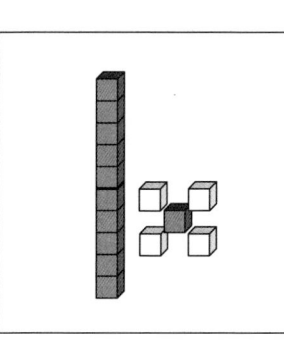

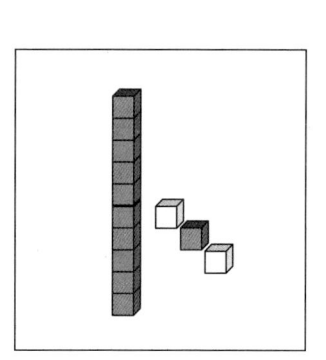

| ___ – ___ = ___ | ___ – ___ = ___ | ___ – ___ = ___ | ___ – ___ = ___ |

3 ✏️ Denk dir die Mengenbilder und rechne aus.

| 18 – 12 = ____ | 19 – 14 = ____ | 19 – 15 = ____ | 16 – 15 = ____ |

Fünfer-Trick – Die Kraft der Fünf

Fünfer-Trick!

Als ein besonders hilfreicher Rechentrick für Aufgaben mit Zehnerübergang hat sich, auch für Kinder mit Lernschwierigkeiten, der Fünfer-Trick („Kraft der Fünf", auch „power of five") bewährt.
Er eignet sich sowohl für alle Additionsaufgaben, in denen beide Teilmengen gleich oder größer als 5 sind (also bei Aufgaben wie z. B. 6 + 5, 7 + 6, 8 + 7, 9 + 6, 9 + 9 usw..), als auch für Subtraktionsaufgaben, bei denen der Subtrahend gleich oder größer als 5 ist. Voraussetzung, um den Fünfer-Trick als hilfreiche Strategie nutzen zu können, ist, dass Ihre Schüler die Mengeninvarianz von einem Zehner als Doppelfünf verstanden haben.

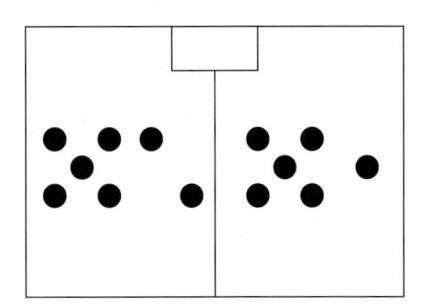

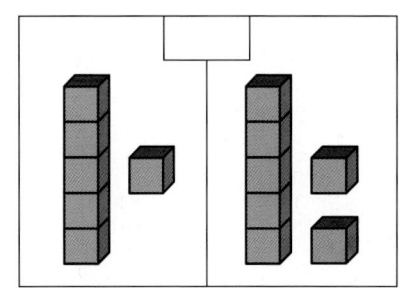

Fünfer-Trick bedeutet:
Zuerst werden „mit den Augen" die beiden Fünfer „umgetauscht" gegen eine Zehnerstange, anschließend der Rest addiert:
„ 5 + 5 = 10, 2 + 1 = 3,
  also ist 7 + 6 gleich 13"

Zur Zehn als Doppelfünf wurde in Band 1 ein schönes Fingerspiel abgedruckt.

Ziel dieser Lerneinheit ist es, mithilfe der Blickübungen und den Arbeitsaufträgen den Kindern dabei zu helfen, in der symbolischen Darstellung die zwei Fünfer zusammen als 10 „sehen" zu lernen, d. h. in der Vorstellung folgende Schritte durchzuführen:

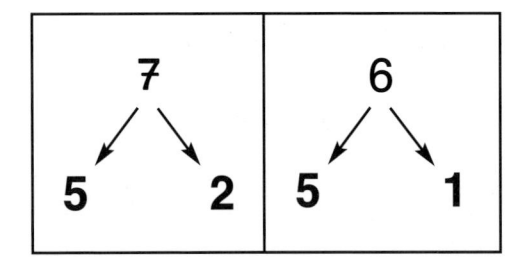

7 + 6 = 13
da:
5 + 5 = 10
2 + 1 = 3

Voraussetzung für einen effektiven Umgang mit dieser Strategie ist es, in allen Zahlen die Fünfer überhaupt entdecken zu können.

Fünfer-Trick

Da die Würfelbilddarstellungen für die Zahlen von Anfang an auf der Fünferstruktur aufbauten, wird es für Ihre Schüler keine Schwierigkeit darstellen, die Fünfer als Teilmenge in den Zahlen zu „sehen".

Der kleine Pirat könnte sich als **Einführung** in diese Strategie auf die **Suche nach Fünfern** machen und Ihre Schüler dabei um Mithilfe bitten.

So hat die Zahl 12 beispielsweise zwei Fünfer für den Piraten übrig:

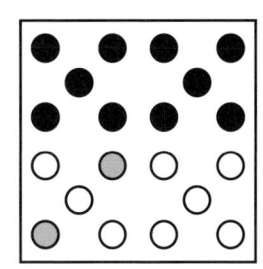

Fünfer sehen lernen – Vorgehensweise

1. Lassen Sie von Ihren Schülern zunächst alle Mengenbildkarten auf Fünfer hin „erschnüffeln".

2. Danach sollen sie dem Piraten anschließend auch aus den Ziffernkarten die Anzahl der Fünfer bestimmen. Dafür müssen die Würfelbilder in die Ziffern „hineingesehen" werden.

3. Im nächsten Schritt können Sie mit Ihrer Lerngruppe gemeinsam auf die Suche nach „versteckten" Fünfern in zwei Zahlen gehen. So besitzen die 12 und 13 beispielsweise neben jeweils zwei „eigenen" Fünfern auch noch gemeinsam eine „versteckte" Fünf:

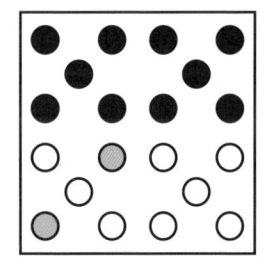

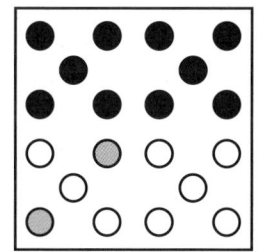

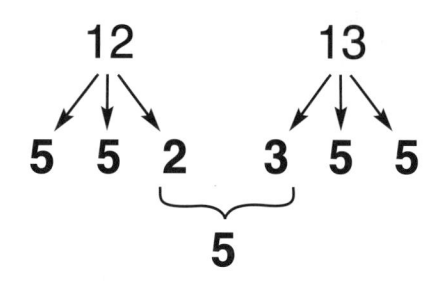

Der Fünfer-Trick bei Additionsaufgaben

Beim Kennenlernen des Fünfer-Tricks wird Ihren Schülern schnell klar sein, dass es beim Bearbeiten von Rechenaufgaben sinnvoller ist, d.h. schneller geht, die beiden Fünfer zuerst als Zehn zusammenzufügen, als bspw. umständlich zunächst von der 7 auf den vollen Zehner zu ergänzen und dann weiterzurechnen (Schritt für Schritt). Da die Würfelkennbilder auf der Fünferstrukturierung aufbauen, machen sie den Trick „Kraft der Fünf" auf optimale Weise „sichtbar".

Fünfer-Trick

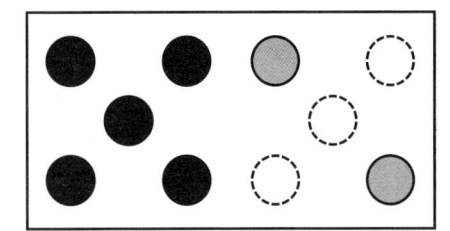

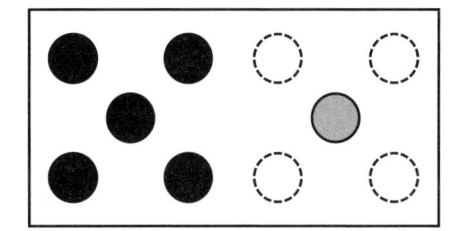

Ihre Schüler werden die beiden Fünfer ganz schnell zusammen als Zehn „sehen" und müssen dann nur noch 2 + 1 addieren.

Diese Übungen können Sie durchführen

1. **„Handeln" mit den Würfelschiffen:** Sie legen beide Zahlen mit Edelsteinen (z. B. auf dem Overheadprojektor oder mit Magneten an der Tafel) und „fangen" die beiden Fünfer „ein", indem Sie z. B. ein „Lasso" um beide Fünfer legen. Anschließend werden die Restmengen zusammengefügt, sodass wieder ein bekanntes Würfelbild entsteht. Als zusätzliche Hilfe können Sie auch die Stellenwert-Kärtchen einsetzen: Wenn Ihre Klasse die Zehn „eingefangen" hat, wird die 10er-Karte gelegt. Dann wird der Rest ermittelt und die entsprechende Karte in die 0 der 10 eingefügt.

2. **„Fünferhände":** In der nächsten sehr viel Spaß bringenden Übung ist der Einsatz Ihrer Hände gefragt, allerdings nicht zum Zählen (!), sondern um die zu addierenden Zahlen als Mengen darzustellen.
Bei der Aufgabe 8 + 7 beispielsweise zeigt ein Kind die 8 mit seinen Händen an (als eine volle Hand und mit drei Fingern der anderen Hand), während ein anderes Kind die Menge 7 darstellt (eine volle Hand und zwei Finger). Um den Trick „Kraft der Fünf" zu verdeutlichen, bringen die beiden Kinder ihre „vollen" Fünferhände zusammen, möglicherweise begleitet durch den Spruch „Das sind fünf und das sind fünf, zusammen sind es zehn" aus dem Fingerspiel im ersten Band. Anschließend wird noch die gemeinsame Menge der drei und zwei Finger ermittelt.

$$8 + 6 =$$

3. **Rechnen mit den Mengenbildern/Fühlkarten** beider Zahlen: Bei dieser Aufgabe sollen die Schüler nicht mehr wie bei den „Fünferhänden" (s.o.) die Hände konkret zusammenführen, sondern sie sollen sich die beiden Fünfer als Zehn (z. B. als zwei sich umfassende Hände) vorstellen und anschließend die restlichen Punkte addieren.

Fünfer-Trick

4. Im nächsten Schritt präsentieren Sie Ihren Schülern lediglich das **Kennbild einer Teilmenge,** sie sollen sich zu dieser Anfangsmenge die zweite Zahl „dazudenken". Wichtig ist auch bei dieser Übung, dass Sie Ihre Schüler immer wieder beschreiben lassen, wie sie in ihrer Vorstellung die Aufgabe bearbeiten. So können Sie feststellen, ob der Fünfer-Trick auch wirklich genutzt wird, d.h. die beiden Fünfer zuerst zusammengefügt werden.

5. Haben Sie den Eindruck, dass die Bearbeitung des Fünfer-Tricks mit den Blitzblickkarten auf ikonischer Ebene (also mit den Kennbildern) gefestigt ist, präsentieren Sie Ihren Schülern nun **Aufgaben auf symbolischer Ebene** und lassen sie beschreiben, was sie in die Zahlen „hineinsehen", was „ihre Augen tun". Ihre Schüler bearbeiten nun die Aufgabe ohne visuelle Anschauung, nur noch aus der Vorstellung.

6. Auch das **Rechnen mit dem Euro** ist sinnvoll. Ihre Schüler lernen dabei, in die Geldscheine oder Münzen die Kennbilder, d.h. die strukturierten Mengen, hineinzusehen.

Das Zuordnen einer Farbe zum Fünfer-Trick ist hilfreich, um später Übungen zum Klassifizieren nach verschiedenen Strategien anbieten zu können. Als Merkhilfe und Symbolfarbe für den Fünfer-Trick habe ich die rote Farbe gewählt, während die Zehnersumme die blaue (da auch Zehner blau geschrieben werden) Farbe erhielt („Passer", s. erster Band).

Präsentieren Sie immer wieder zwischendurch Aufgaben, die keinen Fünfer-Trick ermöglichen (z. B. 4 + 8, 2 + 5, usw.). Diese hat Herr Schummel eingeschmuggelt, um Ihre Schüler zum bewussten Umgang mit der einzelnen Strategie anzuregen.

Spiel mit Centstücken

Erste Anregungen für dieses Übungsspiel habe ich bei Frau Nancy Hoenisch („Mathekings") bekommen. Das Spiel bereitet den Kindern sehr viel Spaß und sollte deshalb unbedingt ausprobiert werden!

- Sie benötigen dafür die Centkarten für die Zahlen **1 – 10** als Würfelbilddarstellungen in mehrfacher Ausführung. Die Zahl 5 kann dabei sowohl durch fünf 1-Centstücke, als auch mit einem 5-Cent-Stück dargestellt werden.
- Das Spiel eignet sich besonders gut für eine Kleingruppe von ca. vier Kindern, in der immer zwei Kinder ein Team bilden, aber auch als Partnerspiel ist es geeignet.
- Die Spieler erhalten zunächst gleich viele Karten als „Startkapital", die sie verdeckt auf einem Stapel aufbewahren müssen.
- Gleichzeitig soll von jeder Gruppe eine Karte aufgedeckt werden. Ist eine Fünfer-Trick-Aufgabe sichtbar, d.h. enthalten die beiden Zahlen jeweils einen Fünfer und können mithilfe des Fünfer-Tricks addiert werden, so müssen sie schnell mit den Händen „abgeklatscht werden". Dabei wird laut „Fünfer-Trick" gerufen. Die Gruppe/der Spieler, die/der den Fünfer-Trick gesehen und die beiden Karten erobert hat, muss die Aufgabe bearbeiten, darf bei korrekter Lösung die beiden Karten nehmen und sie auf die Seite legen. Diese werden nicht mehr im Spiel eingesetzt. Enthält eine Karte keinen Fünfer, bleibt sie bis zum Ende liegen, bis die beiden Gruppen keine Karten mehr als Einsatz legen können.

Fünfer-Trick

Am Ende werden dann Kartenpaare gesucht, die zusammen 5 ergeben (4 und 1, 3 und 2). Die Gruppe, die am meisten Fünferpaare entdeckt hat, hat gewonnen.

Subtraktionsaufgaben mit dem Fünfer-Trick

Auch für bestimmte Minusaufgaben stellt die „Kraft der Fünf" eine nützliche Strategie dar. Mit dem Fünfer-Trick können Minusaufgaben, bei denen Minuend und Subtrahend größer oder gleich 5 sind (z. B. 12 – 5, 13 – 6, 12 – 8, 13 – 7, 11 – 6 usw.), bearbeitet werden.

Beispielaufgabe: 13 – 6

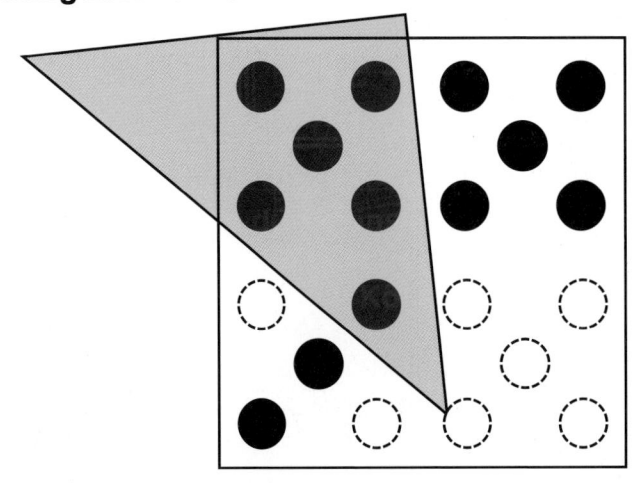

In dieser Beispielaufgabe 13 – 6 können Ihre Schüler in die Anfangsmenge einen Fünfer und einen Einer als Kennbild für 6 „hineinsehen" und dann „wegdenken" bzw. abdecken. Dabei ist nicht relevant, welche Punkte als Menge 6 gesehen werden, sondern dass die Struktur aus Fünf und Eins genutzt wird.

Symbolkarte – Fünfer-Trick

KV 6/1

Wenn ich 2 [:·:][::·] sehe, dann weiß ich sofort: zusammen sind es 10!

Fünfer-Trick!

Fünfer-Trick! Fünfer-Trick! Fünfer-Trick!

Fünfer-Trick! Fünfer-Trick! Fünfer-Trick!

Jasmin Jost: Wir erobern den Zahlenraum bis 20
© Persen Verlag

Fünfer-Trick, Addition

KV 6/2

1 ✏️ Rechne mit dem Fünfer-Trick. Umkreise die beiden Fünfer mit einem roten Stift.

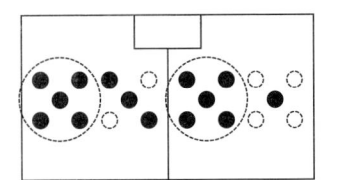

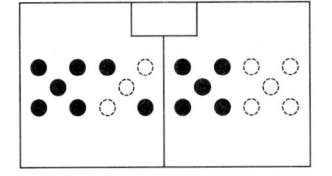

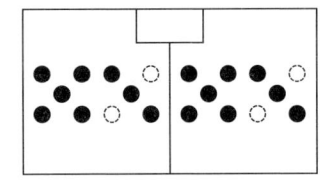

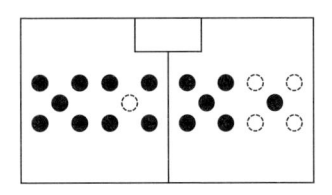

8 + 6 = ____   7 + 5 = ____   8 + 8 = ____   9 + 6 = ____

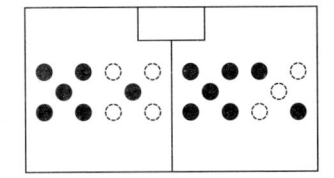

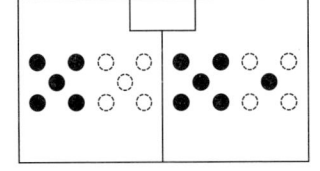

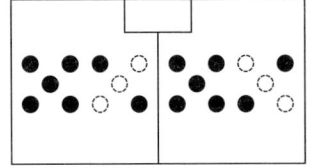

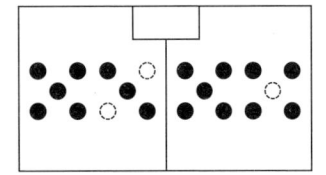

6 + 7 = ____   5 + 6 = ____   7 + 7 = ____   8 + 9 = ____

2 ✏️ Kannst du auch jetzt mit dem Fünfer-Trick rechnen?

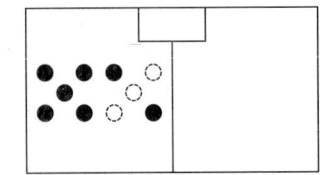

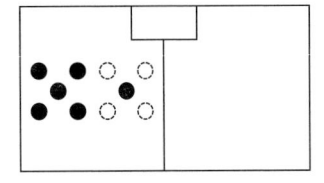

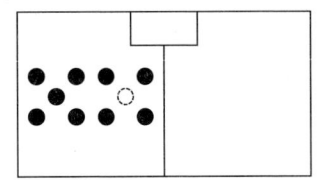

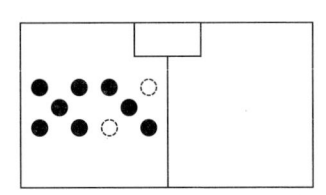

7 + 6 = ____   6 + 8 = ____   9 + 9 = ____   8 + 5 = ____

3 ✏️ Achtung! Wo kannst du nicht mit dem Fünfer-Trick rechnen? Streiche die falschen Aufgaben durch.

8 + 8 = ____

3 + 6 = ____

7 + 6 = ____

9 + 9 = ____

8 + 9 = ____

5 + 5 = ____

9 + 8 = ____

8 + 8 = ____

5 + 9 = ____   7 + 4 = ____

Fünfer-Trick, Addition

1 ✏️ Male die Zahlen und rechne mit dem Fünfer-Trick. Male die Fünfer rot an.

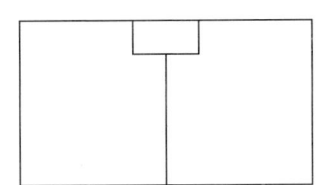

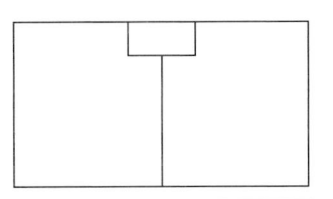

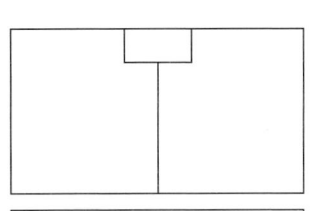

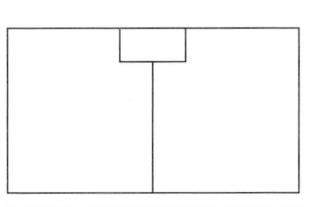

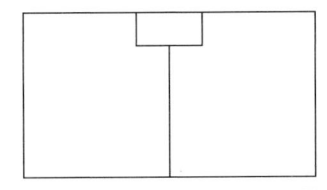

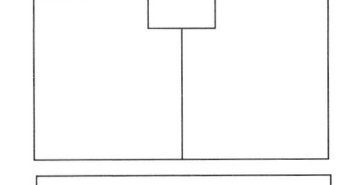

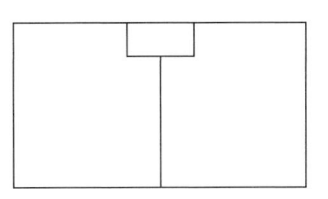

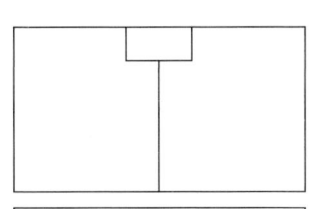

| 7 + 6 = ___ | 8 + 5 = ___ | 7 + 9 = ___ | 6 + 8 = ___ |

| 6 + 5 = ___ | 9 + 6 = ___ | 7 + 5 = ___ | 6 + 6 = ___ |

2 ✏️ Zerlege die Zahlen in Fünfer und rechne aus.

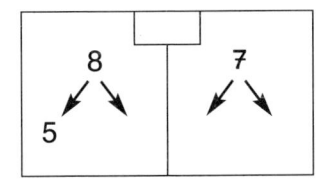

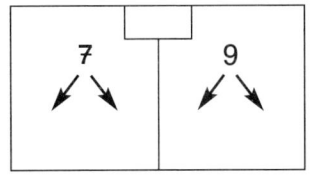

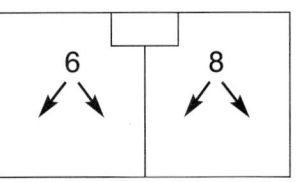

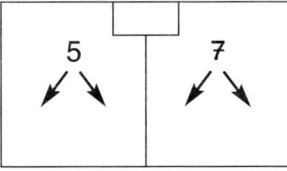

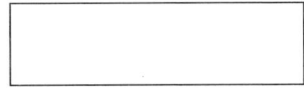

Aufgabe 1: 8 ↙↘ 5 ... 7 ↙↘ ; 8 + 7 = ___
Aufgabe 2: 7 ↙↘ 9 ↙↘
Aufgabe 3: 6 ↙↘ 8 ↙↘
Aufgabe 4: 5 ↙↘ 7 ↙↘

3 ✏️ Wo kannst du den Fünfer-Trick sehen?
Male die Aufgaben mit Fünfer-Trick rot an und rechne sie aus.

| 5 + 6 = ___ | 7 + 6 = ___ | 8 + 8 = ___ | 5 + 7 = ___ |

| 8 + 9 = ___ | 9 + 4 = ___ | 5 + 8 = ___ | 2 + 9 = ___ |

| 1 + 6 = ___ | 5 + 6 = ___ | 7 + 4 = ___ | 8 + 3 = ___ |

Fünfer-Trick, Addition

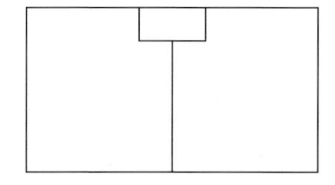

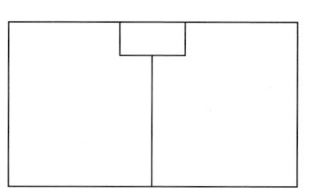

1 ✏️ Schreibe die Aufgabe darunter und rechne mit dem Fünfer-Trick.

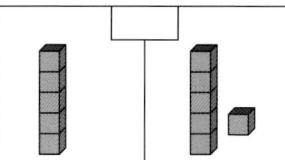

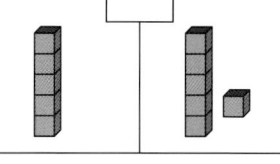

___ + ___ = ___

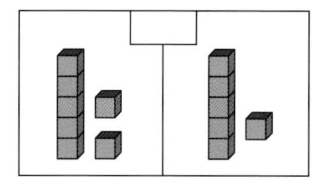

___ + ___ = ___

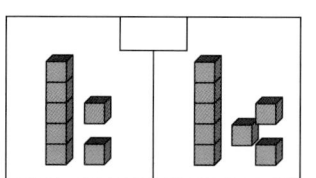

___ + ___ = ___

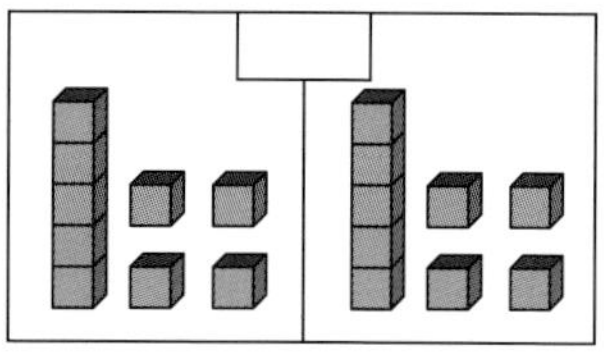

___ + ___ = ___

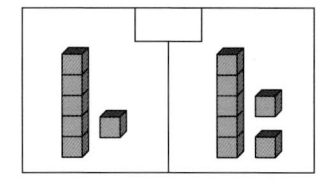

___ + ___ = ___

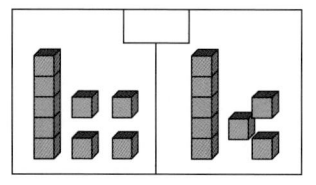

___ + ___ = ___

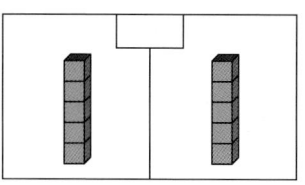

___ + ___ = ___

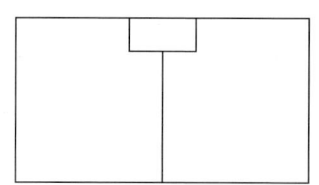

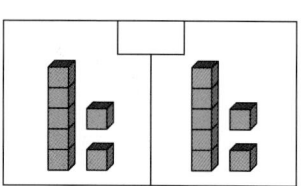

___ + ___ = ___

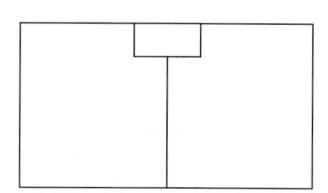

2 ✏️ Überlege dir selbst Aufgaben mit dem Fünfer-Trick und male sie.

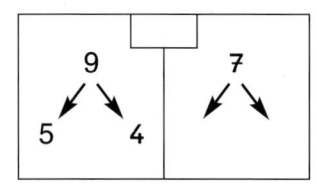

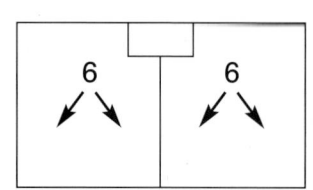

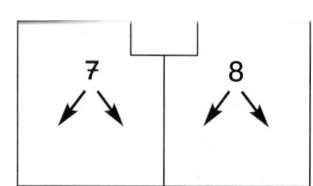

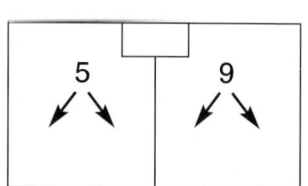

___ + ___ = ___

___ + ___ = ___

___ + ___ = ___

___ + ___ = ___

3 ✏️ Zerlege die Zahlen in Fünfer und rechne aus.

9 → 5, 4   7
6   6
7   8
5   9

9 + 7 = ___

Fünfer-Trick, Addition

KV 6/5

1 Male die Zahl mit Würfelbildern und rechne mit dem Fünfer-Trick.

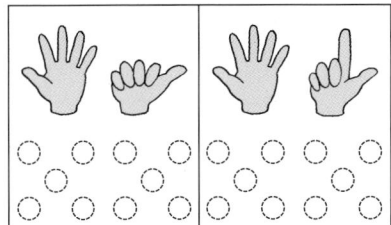

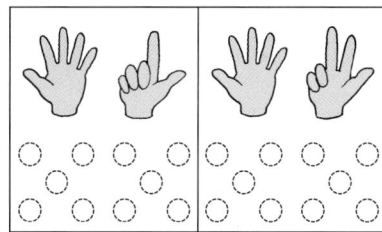

6 + 7 = ___   5 + 9 = ___   7 + 8 = ___

2 Schreibe die Aufgabe auf und male die vollen Hände rot an.

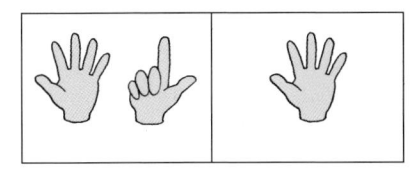

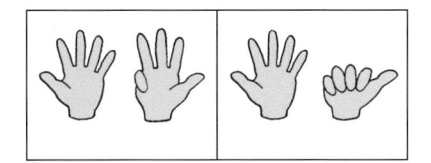

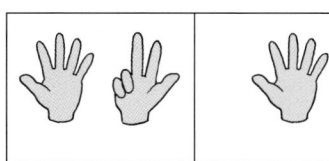

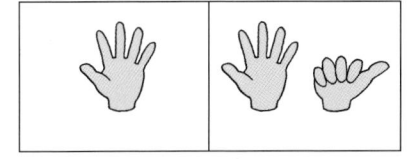

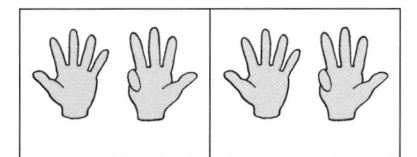

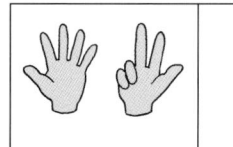

___ + ___ = ___   ___ + ___ = ___   ___ + ___ = ___

___ + ___ = ___   ___ + ___ = ___   ___ + ___ = ___

3 Nimm 3 Farben. Immer 3 Bilder gehören zusammen.
Male sie in der gleichen Farbe an.

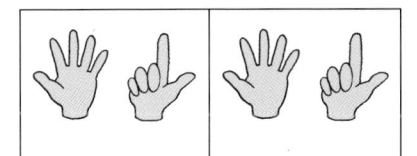

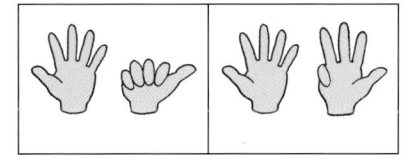

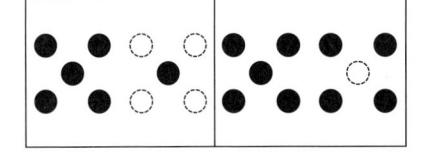

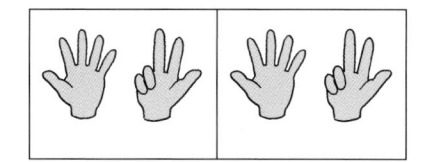

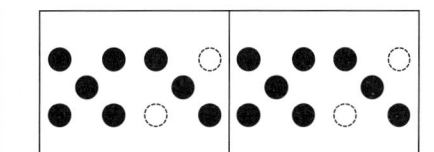

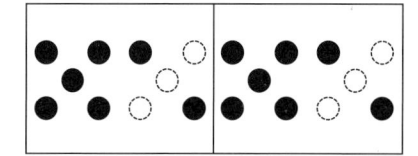

16

15

14

Jasmin Jost: Wir erobern den Zahlenraum bis 20
© Persen Verlag

Fünfer-Trick, Subtraktion

1 Rechne mit dem Fünfer-Trick. Die Mengenbilder helfen dir dabei.

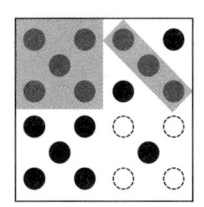

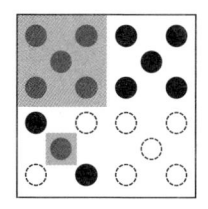

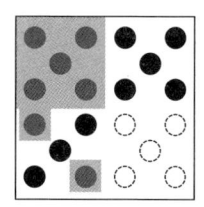

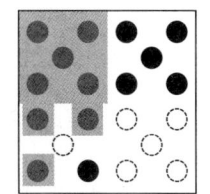

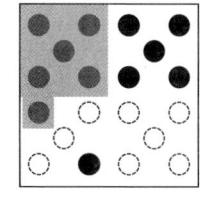

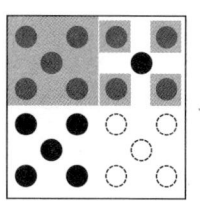

16 − 8 = _____   13 − 6 = _____   15 − 7 = _____

14 − 8 = _____   12 − 6 = _____   15 − 9 = _____

2 Schreibe die passende Aufgabe hin und rechne aus.

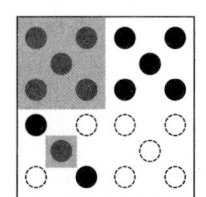

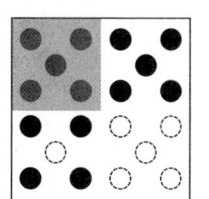

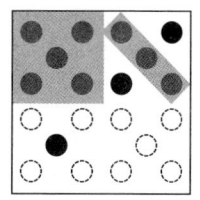

___ − ___ = ___   ___ − ___ = ___   ___ − ___ = ___

3 Denk dir die Würfelbilder und rechne aus.

13 − 8 = ____   15 − 9 = ____   12 − 7 = ____
   5   3

16 − 8 = ____   11 − 5 = ____   13 − 6 = ____

Fünfer-Trick, Subtraktion

KV 6/7

1 ✎ Rechne mit dem Fünfer-Trick.

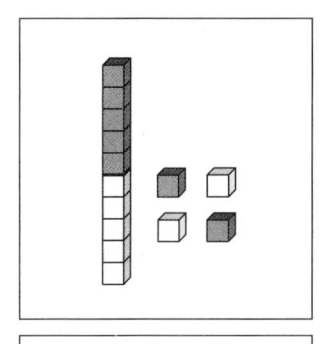

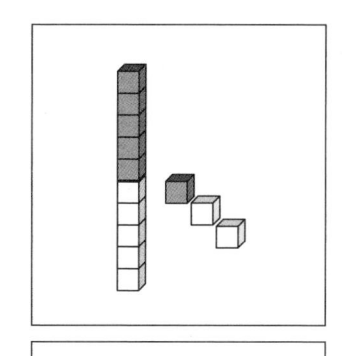

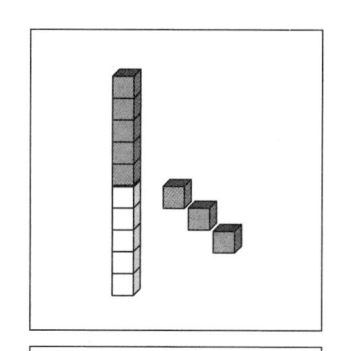

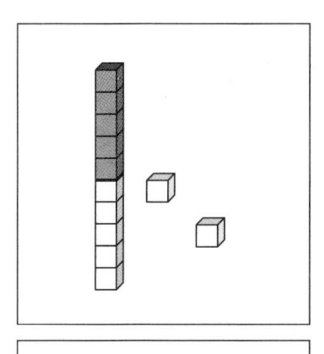

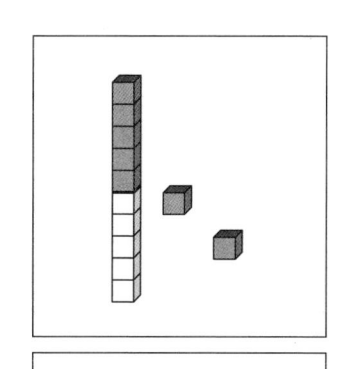

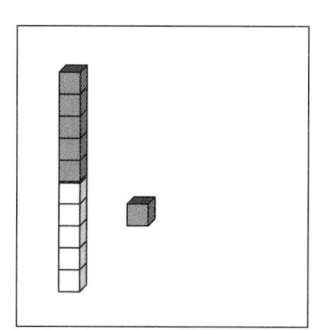

14 – 7 = ___　　13 – 6 = ___　　13 – 8 = ___

12 – 5 = ___　　12 – 7 = ___　　11 – 6 = ___

2 ✎ Nimm die Menge mit den Augen weg.

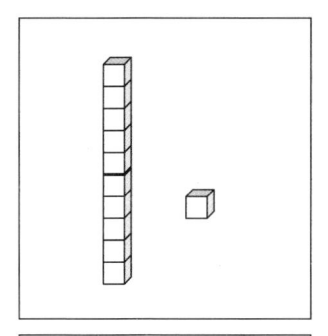

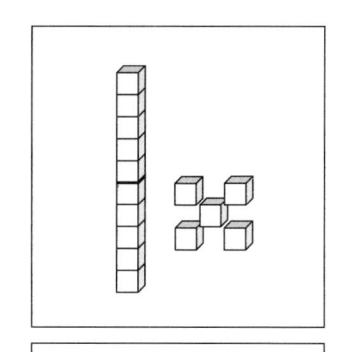

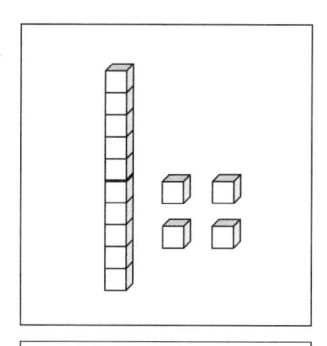

11 – 6 = ___　　15 – 8 = ___　　14 – 5 = ___

3 ✎ Wo kannst du den Fünfer-Trick sehen?
Male die Aufgabe mit Fünfer-Trick rot an und rechne sie aus.

13 – 6 = ___　　11 – 3 = ___　　15 – 8 = ___　　14 – 7 = ___

11 – 4 = ___　　13 – 8 = ___　　15 – 6 = ___　　12 – 3 = ___

Fünfer-Trick

KV 6/8

1 ✂ Schneide die Kärtchen aus.

7 + 6 = ____	9 + 3 = ____	7 + 5 = ____
10 + 3 = ____	12 – 7 = ____	13 – 5 = ____
11 + 7 = ____	12 – 5 = ____	18 – 4 = ____

2 Welche Aufgaben dürfen ins Trickbuch des Fünfer-Tricks?
Welche Aufgaben hat Herr Schummel eingeschmuggelt?
Klebe nur die passenden Kärtchen hier auf:

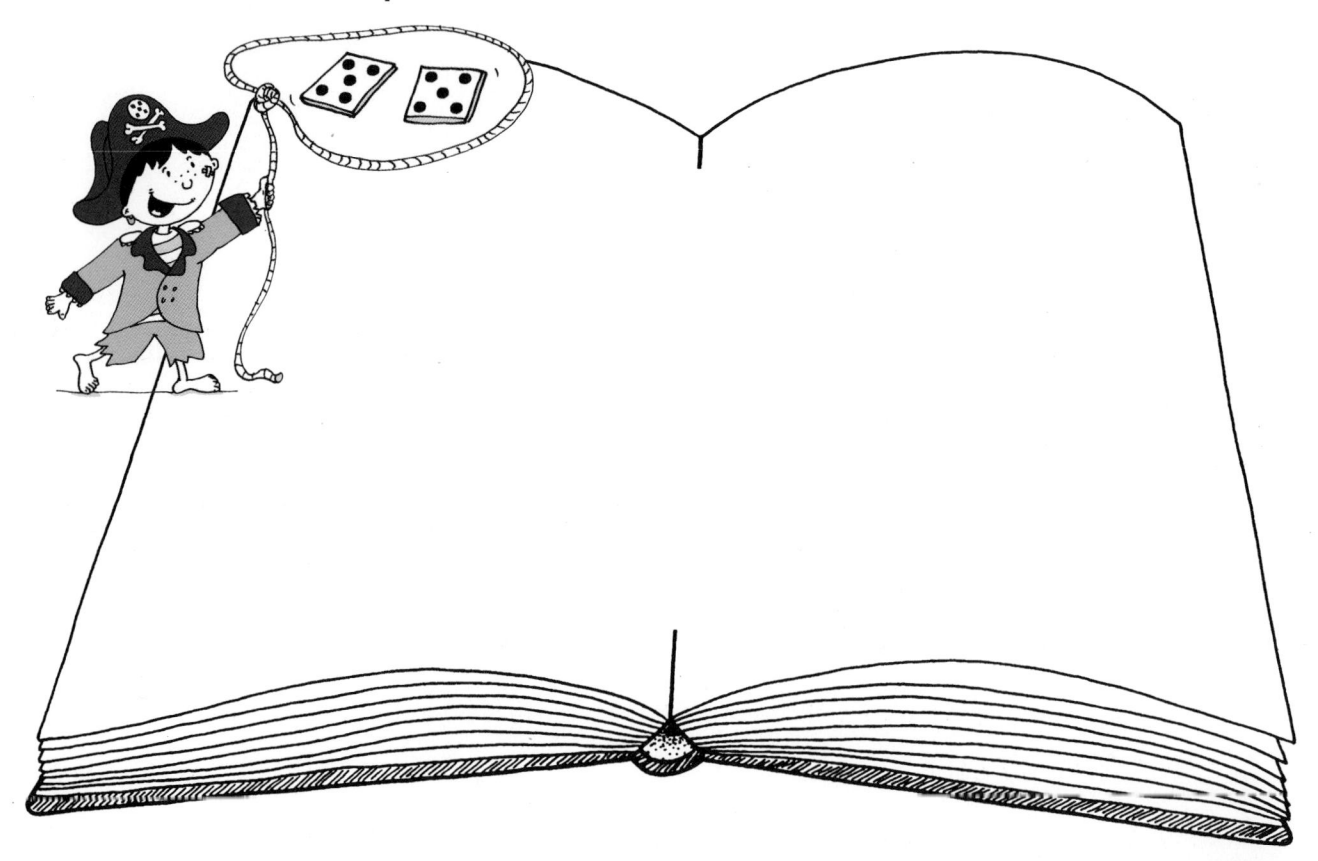

3 Diese Aufgaben hat Herr Schummel eingeschmuggelt:

Verdoppeln und Halbieren

🟦 Verdoppeln

Für die Strategie des Verdoppelns ist es zuerst einmal wichtig, dass Ihre Schüler die Bedeutung des Wortes verstanden haben, d. h. sich unter dem Begriff etwas vorstellen können. Dazu können Sie z. B. als Einführung doppelt vorkommende, konkrete Gegenstände aus einer Schatzkiste des Piraten heraussuchen lassen. Die Arbeit mit einem Spiegel ist sicherlich eine gebräuchliche und gute Möglichkeit, das Verdoppeln einzuführen.

Auch die Arbeit mit den verschiedenen Mengendarstellungen ist möglich: Lassen Sie doppelt vorkommende Kennbilder aus vielen gleichzeitig präsentierten Darstellungen heraussuchen (zur visuellen Wahrnehmung), oder Sie zeigen nacheinander Blitzblickkarten mit Mengendarstellungen, von denen einige doppelt vorkommen. Ihre Schüler sollen sich merken, welche Mengen sie doppelt gesehen haben.

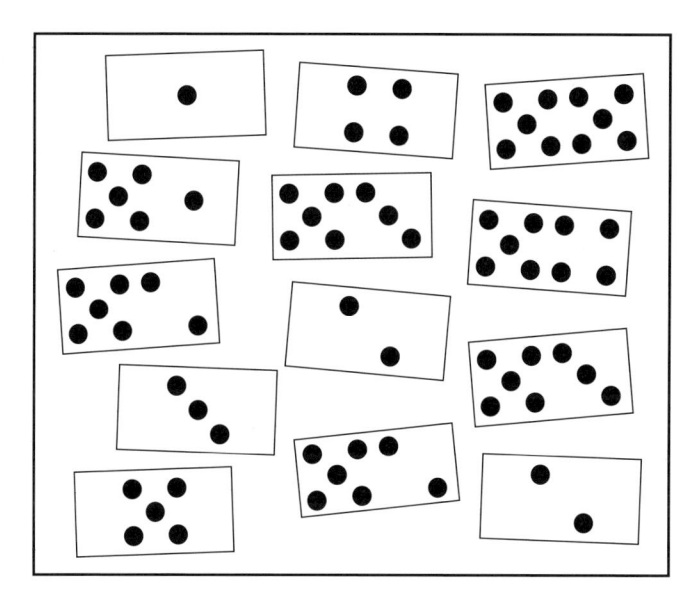

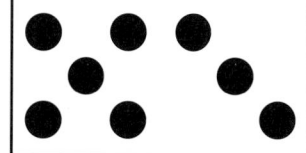

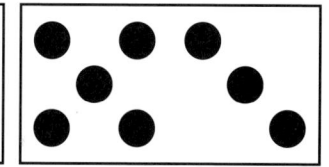

Führen Sie zum Lernen der Strategie folgende Übungen mit Ihren Schülern durch:

1. Sie verwenden die Kennbilder/Mengen und spiegeln diese, dabei wird die Gesamtmenge erfasst.

2. Sie zeigen nur noch das Kennbild. Ihre Schüler müssen sich das „Spiegelbild" vorstellen und Ihnen die Gesamtmenge nennen.

3. Wie beim Fünfer-Trick können Sie auch beim Verdoppeln die Hände zum Üben der Strategie einsetzen: Ein Kind zeigt eine Menge mit den Händen, das Partnerkind soll das „Spiegelbild" dazu zeigen und die Gesamtmenge bestimmen. Dabei fassen sich die beiden „vollen" Hände entsprechend dem Fünfer-Trick wieder an.

Verdoppeln und Halbieren

4. Sie zeigen Ihren Schülern die Ziffernkarte, die sie verdoppeln müssen. D.h. Ihre Schüler besitzen nun keine äußere Anschauungshilfe mehr, sondern müssen in der Vorstellung die Menge, das Spiegelbild und die Gesamtmenge „sehen".

5. Wird diese Strategie beherrscht, können Sie das Verdoppeln noch mit den kleinen Aufgaben + 1 und + 2 verbinden.
Dazu werden nach dem Spiegeln und Ermitteln der Gesamtmenge ein/zwei zusätzliche Plättchen dazugelegt.
Beim Üben mit den Händen zeigen Sie Ihrer Klasse eine Menge, die sie „spiegelt".
Anschließend wird noch 1 Finger mehr gehoben.

Halbieren

Bei Minusaufgaben mit geraden Zahlen kann die Umkehrung zum Verdoppeln, das Halbieren, eine nützliche Strategie sein, beispielsweise für diese Aufgaben:
18 – 9, 16 – 8, 14 – 7 usw.
Wichtig ist, dass Ihre Klasse den **Begriff „Halbieren" verstanden** hat, sich darunter etwas vorstellen kann. Ihre Schüler sollten beispielsweise ein Brot oder eine Banane halbieren können.
Bezogen auf Zahlen muss Ihre Klasse Mengen, d.h. bestimmte Anzahlen, gleichmäßig zerlegen. Mithilfe der Würfelbilder sollen Ihre Schüler lernen, „gleiche Portionen" zu erfassen, anstatt übers Zählen die Hälfte zu ermitteln. Dabei wird auch der Unterschied zwischen geraden und ungeraden Zahlen thematisiert.

Gehen Sie folgendermaßen vor:

1. Um das Halbieren von Zahlen einzuführen, geben Sie Ihrer Lerngruppe die Aufgabe, verschiedene Mengen, z. B. Gummibärchen, auf zwei Kinder gerecht zu verteilen. Die Menge ist dabei so zu verteilen, dass jeder gleich viel bekommt.
Anhand einer Balkenwaage wird für Ihre Klasse ganz deutlich, dass durch das Halbieren einer Menge zwei gleich große Mengen entstehen (die Waage ist dann im Lot). Sie können mit wenig Mühe auch aus einem Kleiderbügel und zwei Plastikschälchen eine „Kleiderbügelwaage" herstellen.

2. Sie lassen Ihre Kinder eine Menge mit den Würfelschiffen oder in Würfelbilddarstellung legen, die sie dann gleichmäßig auf die Waagschalen verteilen sollen. Wichtig dabei ist, dass bei größeren Zahlen als 9 zunächst die zwei Fünfer gleich verteilt werden und anschließend die Restmenge halbiert wird. Danach werden die einzelnen Mengen auf jeder Waagschale zusammengelegt, sodass wieder ein bekanntes Mengenbild entsteht.

Verdoppeln und Halbieren

3. Im nächsten Schritt zeigen Sie eine Mengenbildkarte, deren Hälfte ein Schüler abdecken oder „mit den Augen" wegdenken soll. Wichtig ist, dass Sie dabei immer wieder auch die passende Minusaufgabe aufschreiben lassen.

4. Zuletzt sollten Ihre Schüler die Minusaufgaben durch Halbieren „auf ihrem inneren Bildschirm", d.h. in der Vorstellung, lösen.

5. Ziel ist wieder, dass die Aufgaben „wie aus der Pistole geschossen" beantwortet werden können. Als Training könnten Sie „Schnippschnapp" spielen. Partnerkarten sind dabei beispielsweise 14 und 7, 18 und 9 usw.
Schnippschnapp entspricht dem Memoryspiel, nur bleiben hierbei die Karten offen liegen. Sobald ein Paar zu sehen ist, muss man mit den Händen schnell beide Karten abdecken und laut „Schnippschnapp" rufen.

Symbolkarte – Verdoppeln

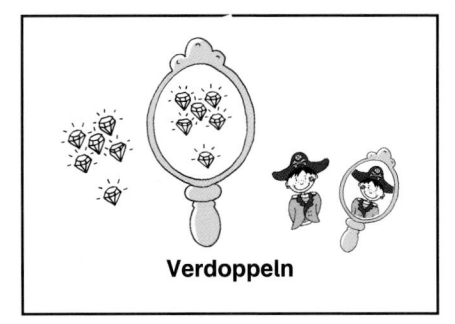

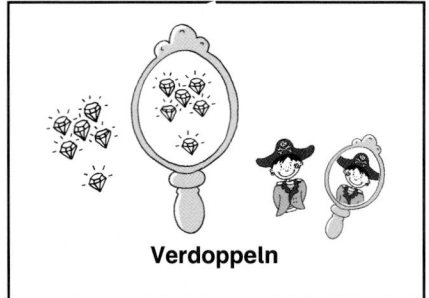

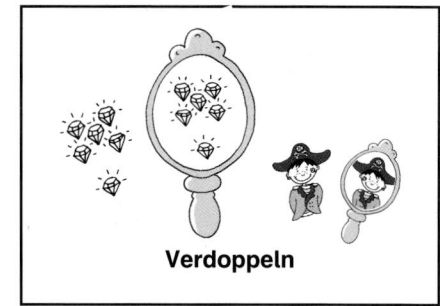

KV 7/1

Verdoppeln

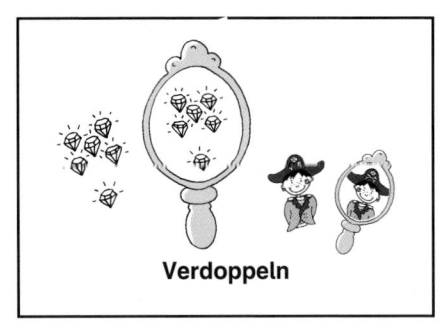

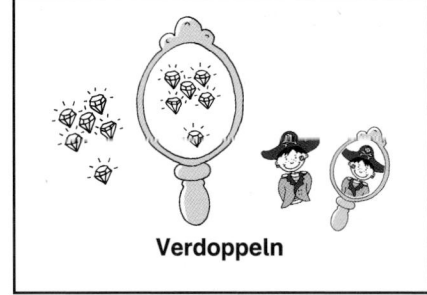

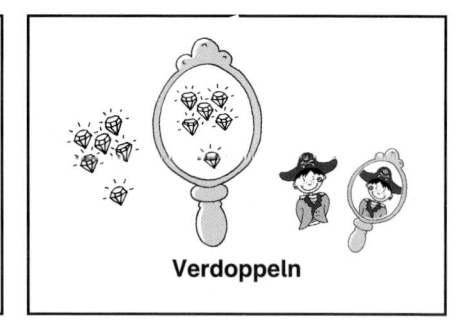

Verdoppeln	Verdoppeln	Verdoppeln
Verdoppeln	Verdoppeln	Verdoppeln

Jasmin Jost: Wir erobern den Zahlenraum bis 20
© Persen Verlag

Verdoppeln

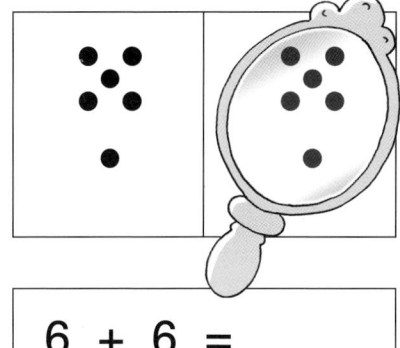

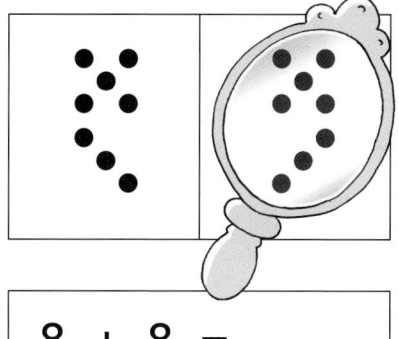

1 ✏️ Rechne aus.

6 + 6 = ____   8 + 8 = ____   9 + 9 = ____

2 ✏️ Male das Spiegelbild und rechne dann aus.

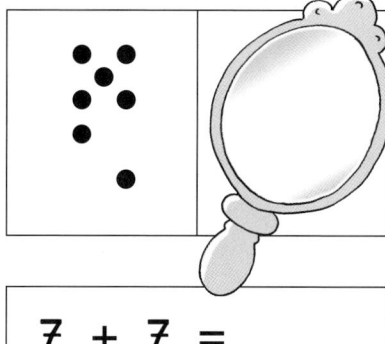

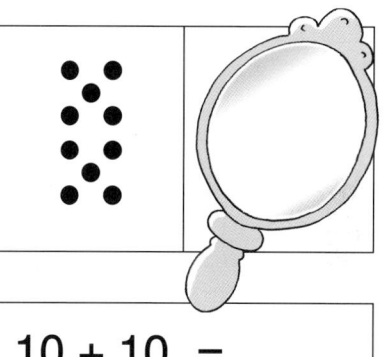

5 + 5 = ____   7 + 7 = ____   10 + 10 = ____

3 ✏️ Immer 2 Zahlen gehören zusammen. Verbinde sie miteinander.

5   7

10   18   16   20

6

14   8   12

9   10

Verdoppeln

1 Suche alle Doppel-Rechnungen und male sie in deiner Trickfarbe an.

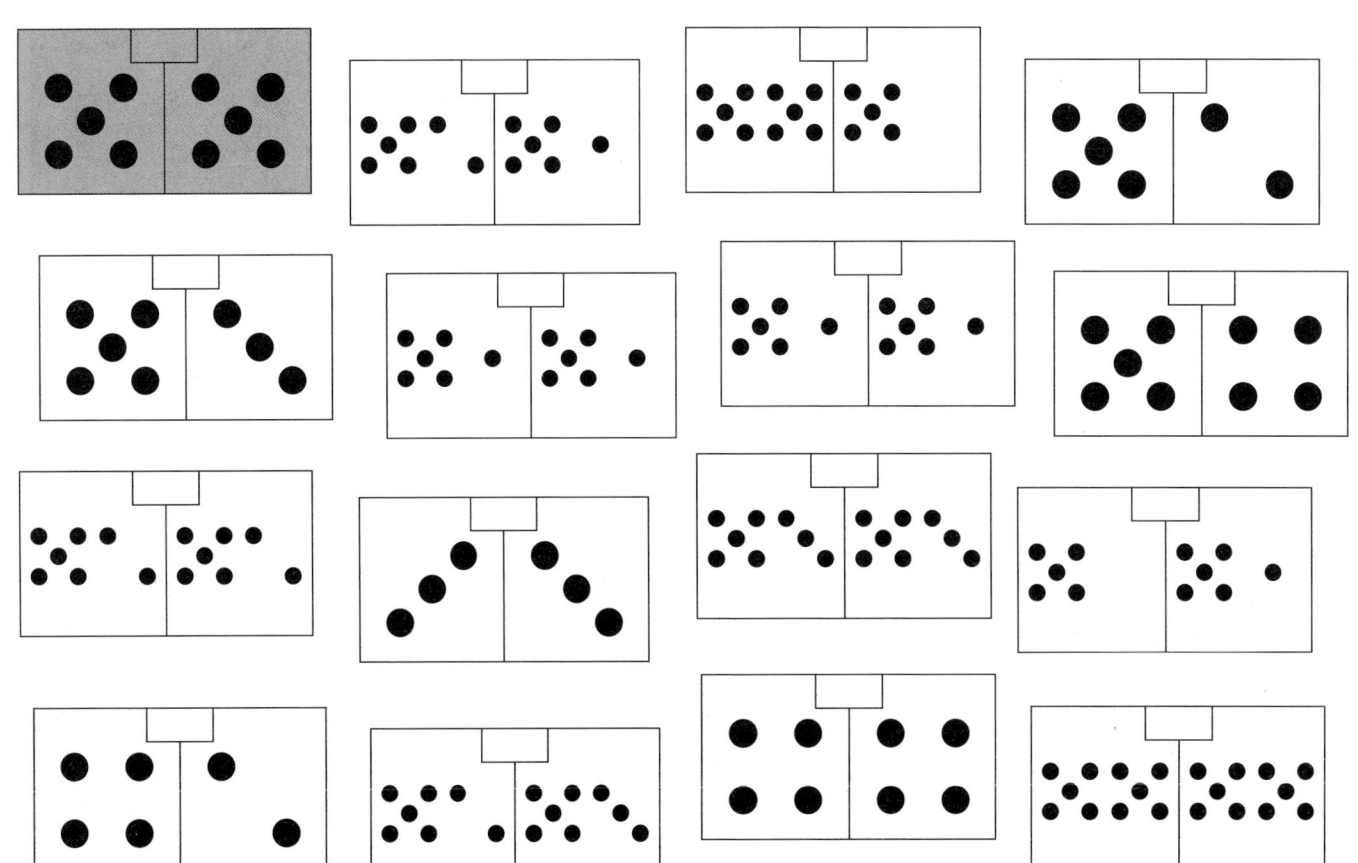

2 Schreibe die Doppel-Rechnungen auf und rechne sie aus.

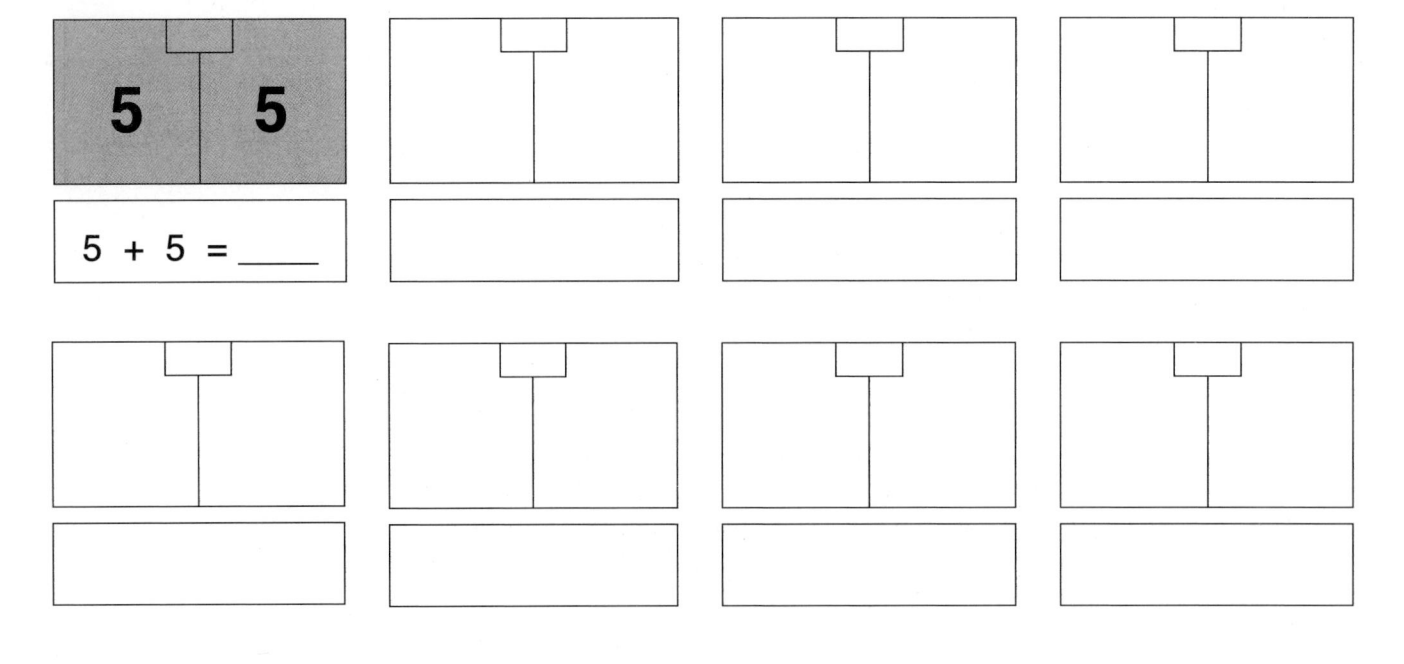

5 | 5

5 + 5 = ___

Symbolkarte – Halbieren

KV 7/4

Halbieren

Halbieren	Halbieren	Halbieren
Halbieren	Halbieren	Halbieren

Jasmin Jost: Wir erobern den Zahlenraum bis 20
© Persen Verlag

Halbieren

1 Nimm dein Material und probiere aus. Finde die Hälften.
Male die Mengenbilder in die Waagschalen.

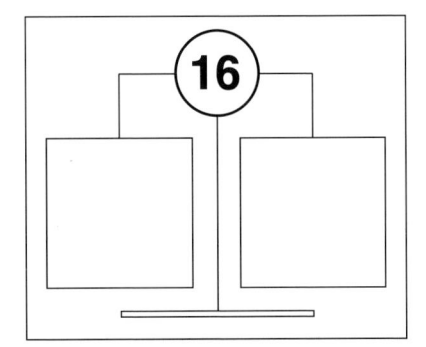

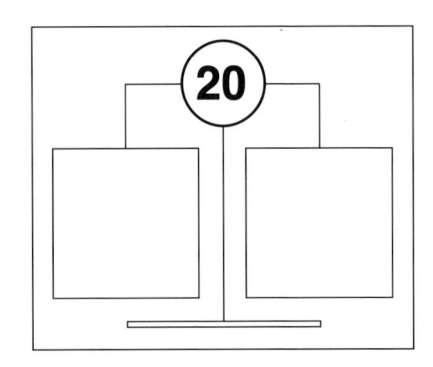

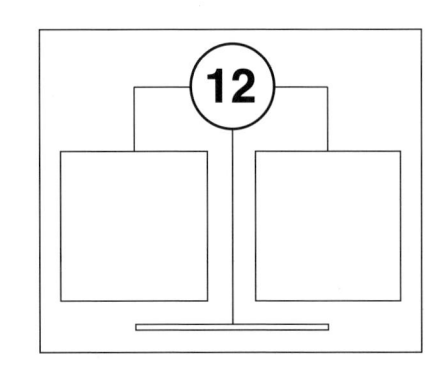

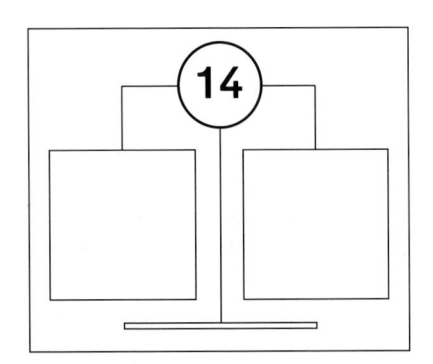

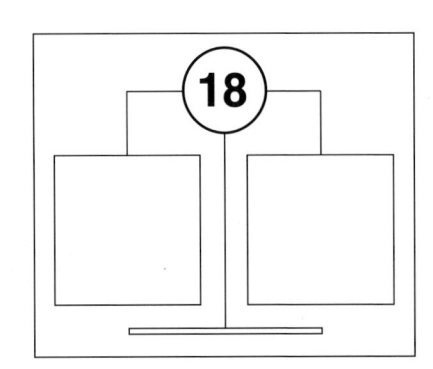

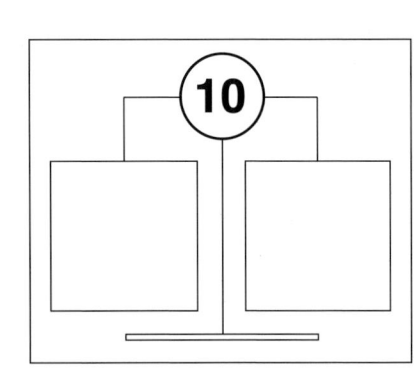

16   20   12

14   18   10

2 Schreibe die passenden Aufgaben auf.

| 16 – ___ = ___ | 20 – ___ = ___ | 12 – ___ = ___ |

| 14 – ___ = ___ | 18 – ___ = ___ | 10 – ___ = ___ |

3 Achtung! Welche Zahlen kannst du nicht halbieren? Streiche sie durch!

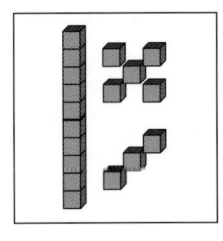

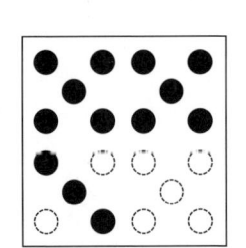

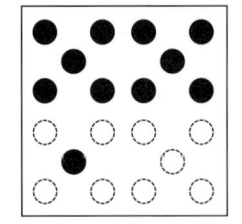

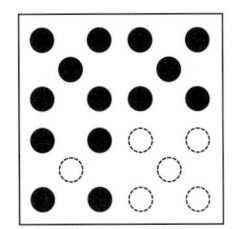

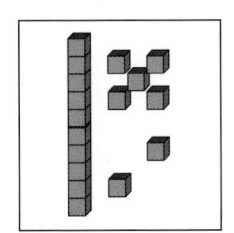

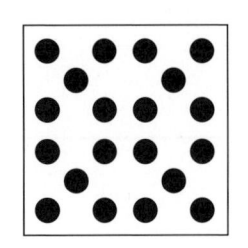

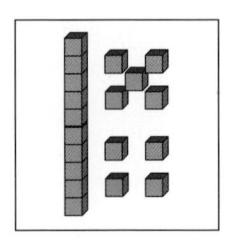

Strategien nutzen lernen

Nachdem Ihre Schüler die verschiedenen „Tricks" und Herangehensweisen für das Bearbeiten der Aufgaben kennengelernt und mithilfe der Mengenbilder geübt haben, ist es wichtig, dass sie diese auch sinnvoll nutzen lernen und tatsächlich anwenden. Dabei sollen sie sich allmählich immer mehr von der äußeren Anschauungshilfe lösen und die Aufgaben auf ihrem „inneren Bildschirm" sehen können.

Schneiden Sie die im Anhang enthaltenen **Aufgabenkärtchen** aus (am besten vorher auf festeres Papier vergrößern) und lassen Sie diese **nach „Tricks" sortieren**.

Sie können dies in Form eines Bewegungsspiels im Klassenzimmer machen, bei dem Sie „verschiedene Inseln" oder „Schatzkisten" im Klassenzimmer (je nachdem, wie Sie die Strategien eingeführt haben) einrichten. Ihre Schüler erhalten Aufgabenkärtchen, die sie dann auf die verschiedenen Inseln bringen müssen. An den Inseln (oder Schatzkisten) wurden zuvor die entsprechenden Symbolkarten angebracht und in der für die Strategie vereinbarten Farbe angemalt.

Eine Alternative zum Klassenzimmer für diese Übung stellt die Sporthalle dar, wo Ihre Schüler auf Rollbrettern als „Schiffe durch das Meer" von „Insel zu Insel" fahren können. Natürlich sollten die einzelnen Aufgaben dann auch bearbeitet werden.
Ihre Schüler werden sich beim Sortieren (und Bearbeiten) der Kärtchen der einzelnen Strategien nochmals bewusst und stellen fest, dass nur wenige Aufgaben „Schritt-Schritt-Aufgaben" sind, bei denen kein Trick angewendet werden kann.

Ich empfehle Ihnen, zusätzlich zu den Aufgaben im Anhang alle Additions- und Subtraktionsaufgaben im Zahlenraum bis 20 zu notieren und diese auf die eben beschriebene Art bearbeiten zu lassen. Die im Anhang befindlichen Kärtchen haben einen Rahmen, den Ihre Schüler in den für die einzelnen Strategien passenden Farben anmalen können.

Wenn Ihre Schüler schon gut zwischen den einzelnen Strategien unterscheiden können, könnte **Herr Schummel** sein Unwesen treiben, indem er nicht passende Aufgaben einzelnen Strategien untermogelt. Diese gilt es dann aufzuspüren.

Strategien nutzen lernen

Beispiele für die verschiedenen Aufgabentypen

Einfache Aufgaben	Schritt-für-Schritt	Neuner-Trick	Fünfer-Trick
15 + 4	8 + 4	9 + 8	7 + 5
13 + 5	7 + 4	9 + 4	8 + 6
16 + 2	9 + 2	7 + 9	8 + 7
17 + 1	8 + 3	6 + 9	6 + 5

Strategien nutzen lernen

Beispiele für die verschiedenen Aufgabentypen

Verdoppeln	Einfache Aufgaben	Die Differenz „sehen"	Fünfer-Trick
7 + 7	18 − 3	19 − 17	12 − 5
8 + 8	17 − 5	16 − 15	13 − 8
6 + 6	19 − 4	17 − 12	14 − 6
9 + 9	20 − 5	15 − 13	11 − 7

Strategien nutzen lernen – Blankovorlage

KV 8/3

Strategien nutzen lernen

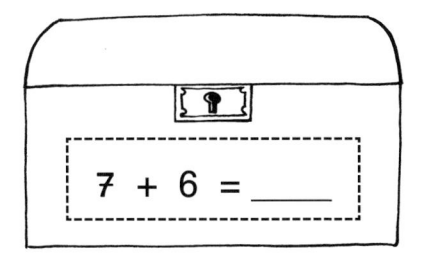

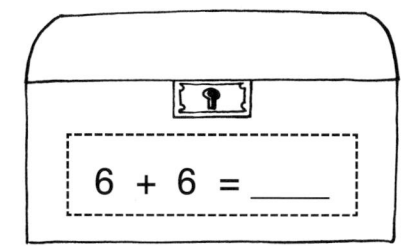

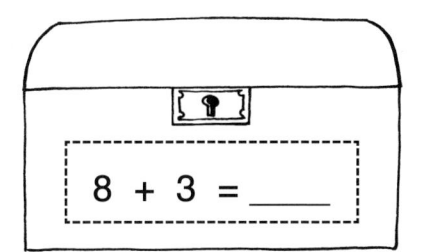

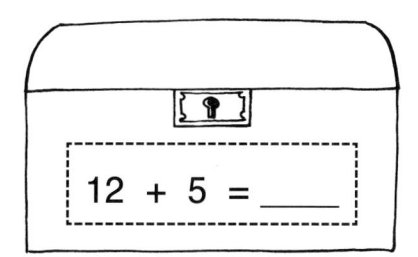

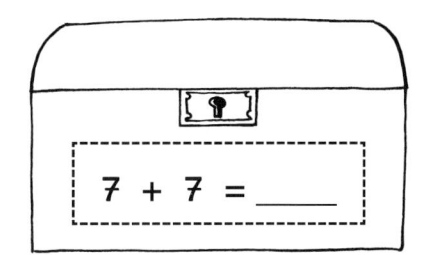

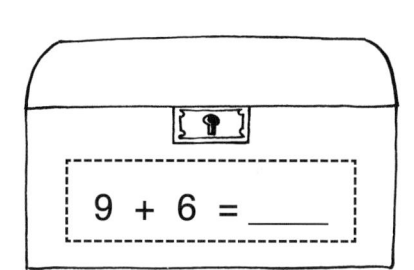

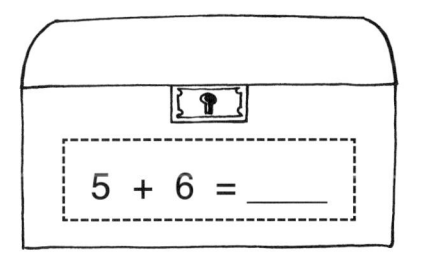

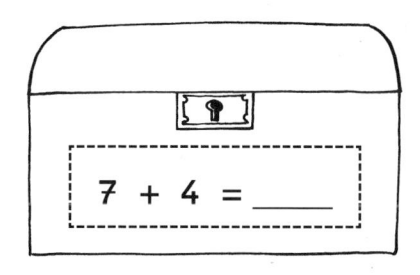

1. Wie rechnest du? Male die Deckel der Schatzkisten in der Farbe deines Tricks an.

2. Löse die Aufgaben.

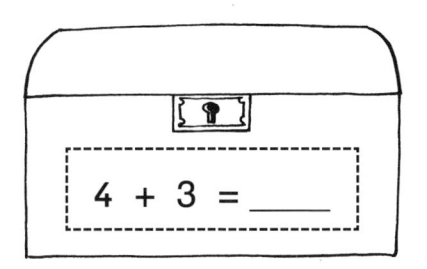

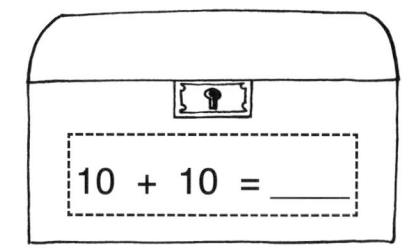

7 + 6 = ____

6 + 6 = ____

8 + 3 = ____

12 + 5 = ____

7 + 7 = ____

9 + 6 = ____

5 + 6 = ____

7 + 4 = ____

4 + 3 = ____

10 + 10 = ____

Strategien nutzen lernen

1 ✏️ Wie rechnest du? Male die Deckel der Schatzkisten in der Farbe deines Tricks an.

2 ✏️ Löse die Aufgaben.

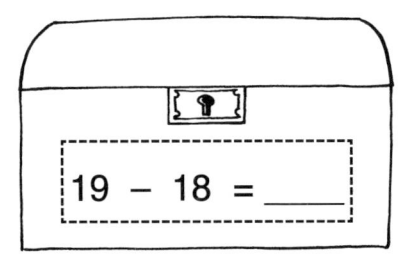

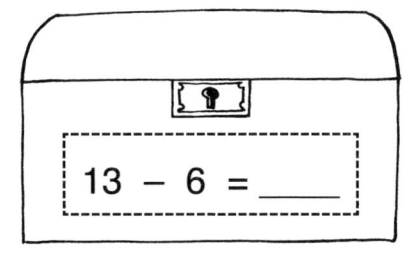

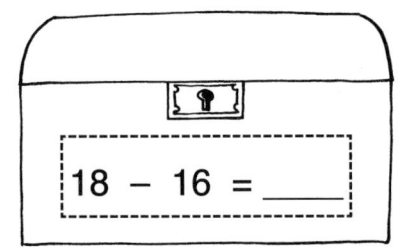

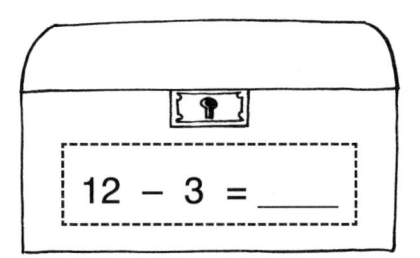

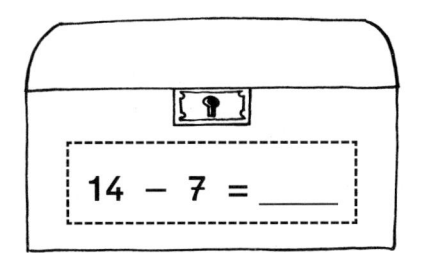

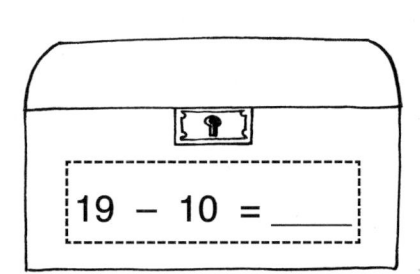

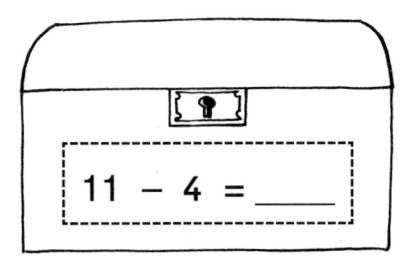

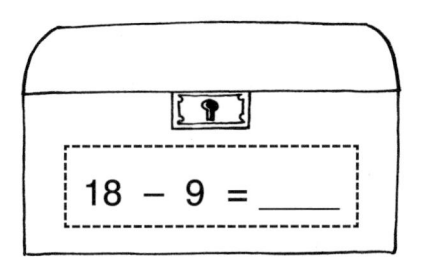

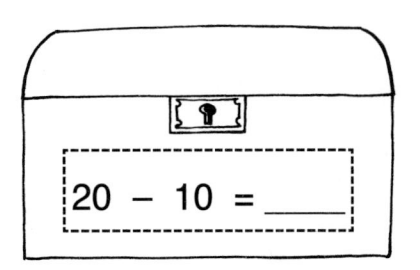

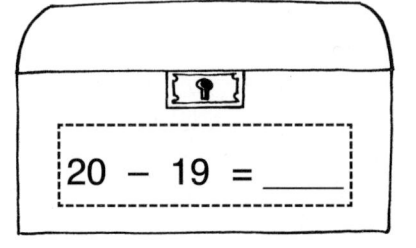

19 − 18 = ____

13 − 6 = ____

18 − 16 = ____

12 − 3 = ____

14 − 7 = ____

19 − 10 = ____

11 − 4 = ____

18 − 9 = ____

20 − 10 = ____

20 − 19 = ____

Strategien nutzen lernen

KV 8/5.1

1 ✂ Schneide die Aufgabenkärtchen aus.

2 💡 Überlege dir, mit welchem Trick du sie bearbeitest.

7 + 6 = ___	12 + 6 = ___	9 + 7 = ___
18 − 6 = ___	12 − 7 = ___	20 − 6 = ___
19 − 18 = ___	5 + 5 = ___	11 − 7 = ___
8 + 3 = ___	9 + 6 = ___	16 + 4 = ___
18 − 6 = ___	12 − 8 = ___	15 + 5 = ___

3 ✂ Überlege dir zu jedem Trick eine Aufgabe und schreibe sie auf das Kärtchen. Schneide sie aus.

Jasmin Jost: Wir erobern den Zahlenraum bis 20
© Persen Verlag

Strategien nutzen lernen

KV 8/5.2

1 Klebe die Aufgaben in die passende Trickkiste.

2 Rechne sie aus.

3 Male die Bücher in der passenden Farbe an.

Lösen von Platzhalteraufgaben

Für das Kennenlernen und Begreifen von Platzhalteraufgaben stellt der Einsatz einer Balkenwaage eine tolle Hilfe dar. Wenn Sie keine Balkenwaage besitzen, eignet sich eine Kleiderbügelwaage.

Platzhalteraufgaben bedeuten Ungleichungen. Wenn eine Platzhalteraufgabe gelöst wurde, besitzen beide Seiten (getrennt durch das Symbol =) die gleiche Menge und eine Gleichung ist entstanden. Das Symbol = wird hier also nicht als Zeichen vor der Lösung (vor einem Ergebnis) eingesetzt, sondern zeigt an, dass auf beiden Seiten die gleiche Menge besteht (d.h., dass es eine Gleichung gibt).
Deshalb ist es wichtig, dass Ihre Schüler das Symbol = in diesem Zusammenhang verstanden haben.

Die Waage zeigt eine *Gleichung* an, wenn beide Waagschalen im Lot sind (beide Seiten sind dann *gleich*).

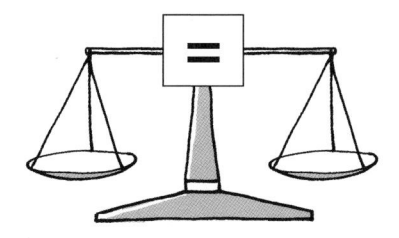

Vorgehensweise:

1. Auch für das Begreifen von Platzhalteraufgaben sind Handlungserfahrungen wichtig. Deshalb sollten Ihre Schüler zunächst die konkrete Erfahrung sammeln, dass bei Platzhalteraufgaben ein Ungleichgewicht besteht, das ins Lot gebracht werden muss (durch Angleichen der beiden Waagschalen).
   Legen Sie unterschiedliche Mengen in die Waagschalen, sodass ein Ungleichgewicht entsteht. Ihre Lerngruppe soll überlegen, was sie tun kann, um die Waage ins Gleichgewicht zu bringen. Es gibt hierbei grundsätzlich zwei Möglichkeiten:
   Man kann von der schwereren Schale die Differenz zur leichteren herausnehmen oder aber die noch zu leichte Waagschale mit der fehlenden Menge auffüllen.

   Sie können die entsprechenden Mengenbildkarten für die in den Schalen befindlichen Mengen dazulegen, damit Ihre Schüler die Mengen auch strukturiert sehen können. Die Differenz zwischen den beiden Mengen wird dann entweder hinzugefügt oder von der größeren Menge weggenommen.

Lösen von Platzhalteraufgaben

Zeigen Sie, wie eine solche Ungleichung in der „Sprache der Mathematik" aufgeschrieben wird. Dazu eignen sich die einzelnen Zahlen- und Symbolkärtchen für =, +, − sowie eine leere Karte für den Platzhalter. Die Kärtchen werden je nach Art der Umsetzung (entweder Minusaufgabe oder Plusaufgabe) gelegt, und anschließend wird der Platzhalter durch die gesuchte Zahl (Ziffer) ersetzt.

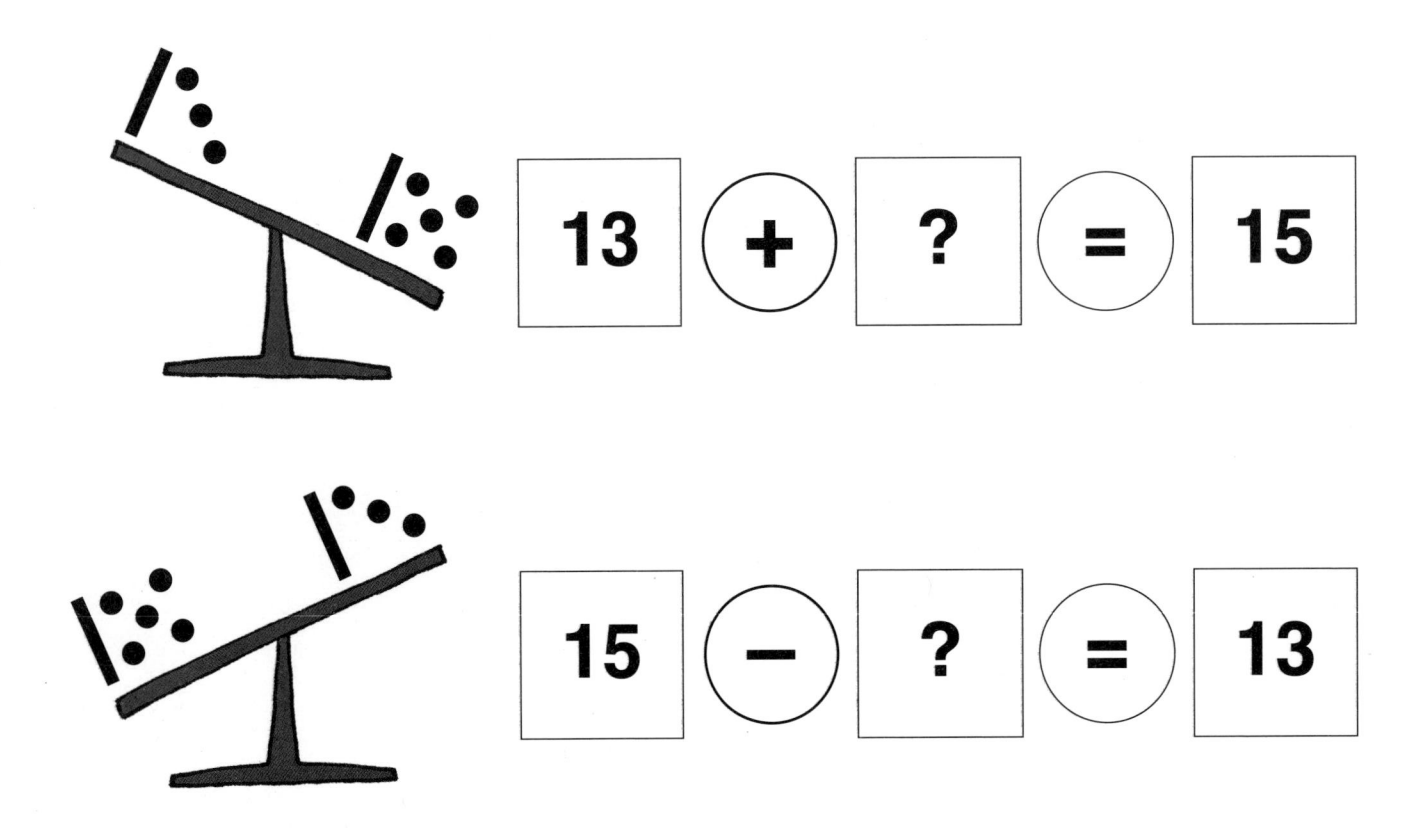

$$13 + ? = 15$$

$$15 - ? = 13$$

2. Im nächsten Schritt werden auf das Bild der Waage (s. KV 9/2, S. 94) zwei Mengenbildkarten gelegt. Ihre Schüler sollen mit den Ziffern- und Symbolkärtchen diese Platzhalteraufgabe legen und dann durch Ergänzen oder Abziehen die leere Karte eintauschen gegen die entsprechende Ziffer. Lassen Sie Ihre Schüler auch einmal selbst Aufgaben erfinden.

3. Ihre Schüler bearbeiten die Platzhalteraufgaben im Heft, die Mengenbildkarten werden nur noch bei Bedarf als visuelle Unterstützung herangezogen.

Kärtchen für die Platzhalteraufgaben

KV 9/1

5	10	15	20	?
4	9	14	19	?
3	8	13	18	=
2	7	12	17	–
1	6	11	16	+

Jasmin Jost: Wir erobern den Zahlenraum bis 20
© Persen Verlag

Waage für die Platzhalteraufgaben

KV 9/2

94

Mengenbilder für die Platzhalteraufgaben

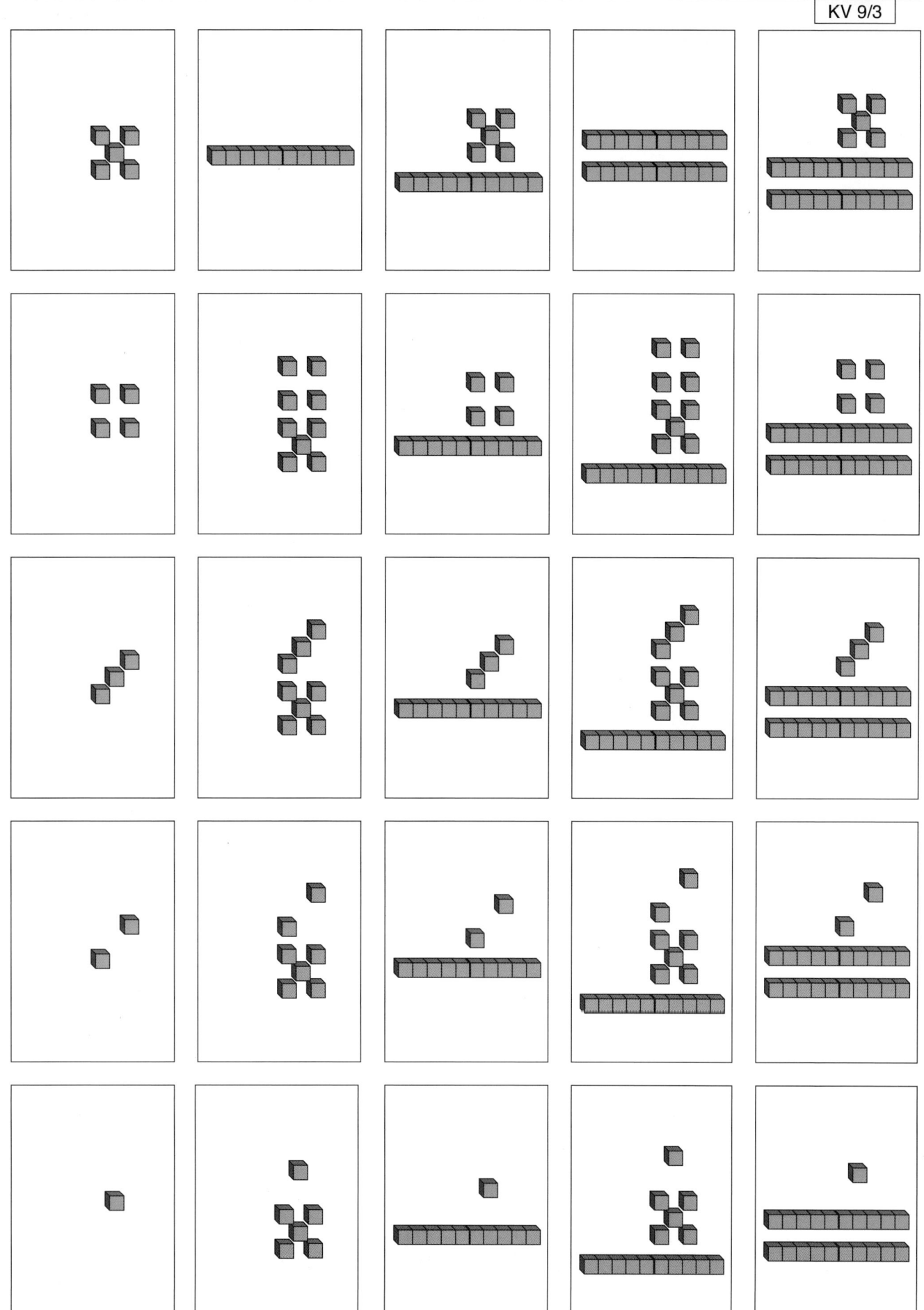

KV 9/3

Platzhalteraufgaben

KV 9/4

1 Welche Zahl fehlt? Setze die fehlende Zahl ein.

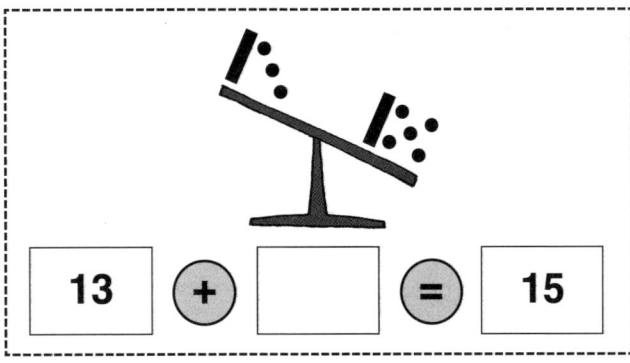

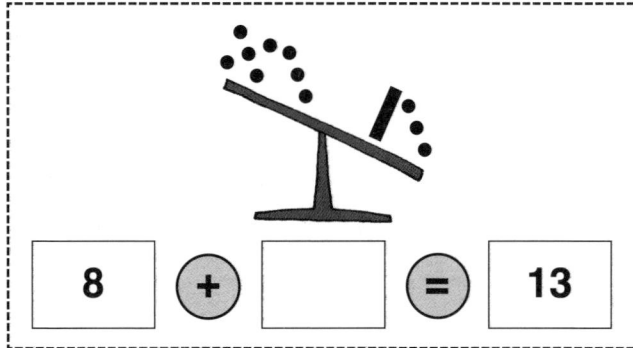

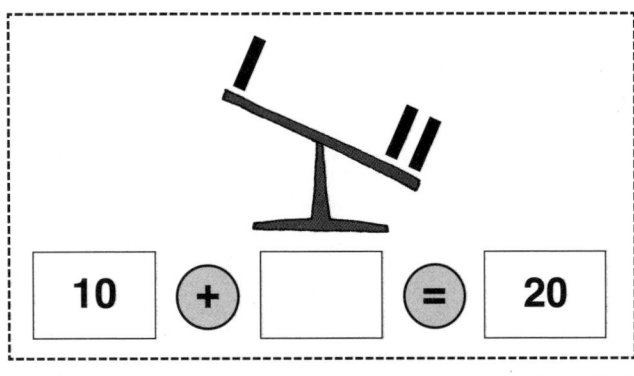

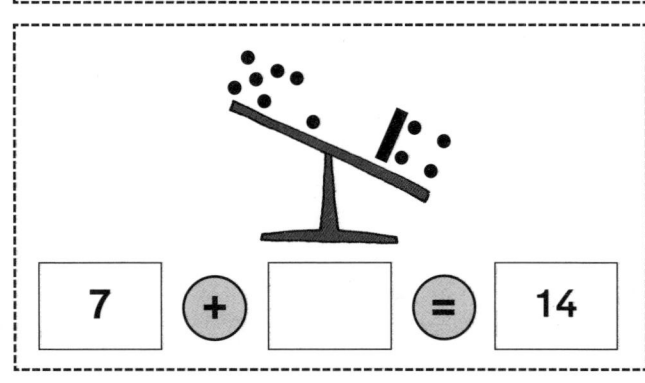

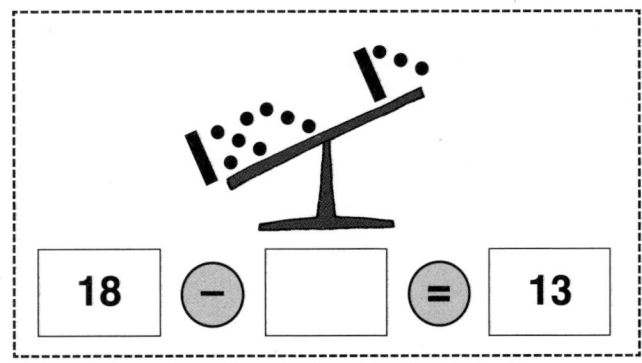

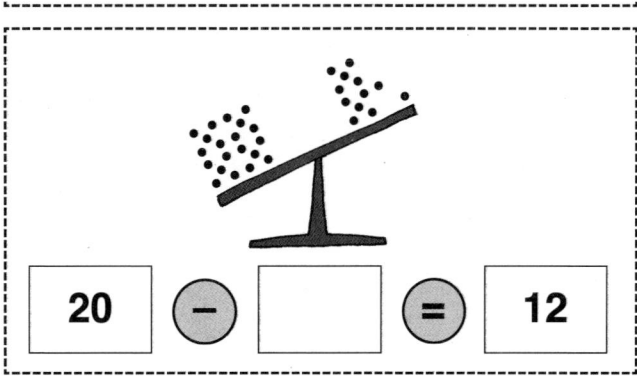

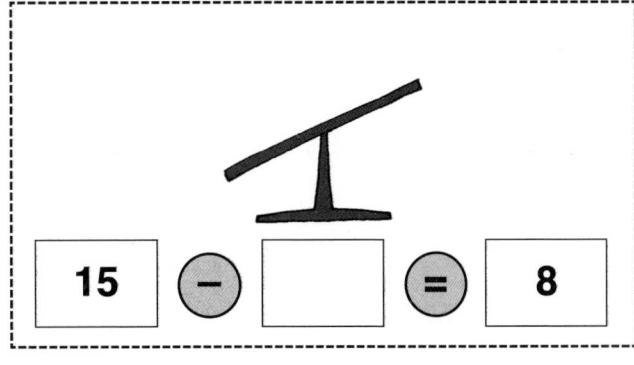

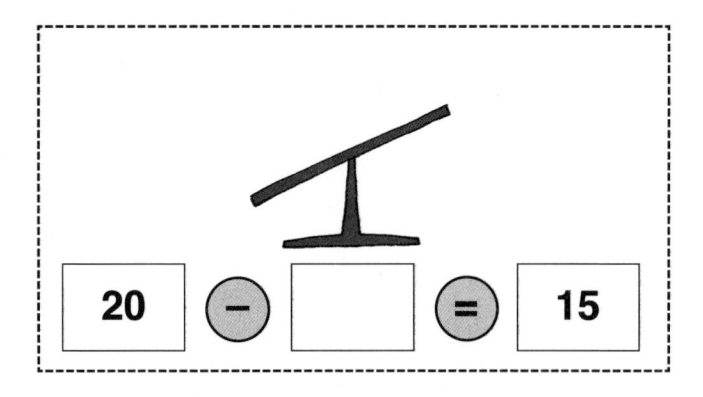

13 + ☐ = 15	8 + ☐ = 13
10 + ☐ = 20	7 + ☐ = 14
18 − ☐ = 13	20 − ☐ = 12

2 Male die Aufgabe und löse sie.

| 15 − ☐ = 8 | 20 − ☐ = 15 |

3 Denke dir die Würfelbilder und löse die Aufgabe.

| 11 + ☐ = 17 | 9 + ☐ = 14 |

Übungen zur Automatisierung

Wie im Zahlenraum bis 10 ist auch im Zahlenraum bis 20 Ziel, alle Additions- und Subtraktionsaufgaben zu automatisieren, d.h. im Langzeitgedächtnis abzuspeichern. Wenn Ihre Schüler die gespeicherten Ergebnisse direkt aus ihrem Gedächtnis abrufen können, werden sie für das Bearbeiten anderer Aufgaben „Energie" zur Verfügung haben.

Aufgaben erfinden lassen

Bringen Sie an der Tafel zwei Zahlkarten sowie Minus-, Plus- und Gleichheitszeichen an. Ihre Schüler sollen mit diesen Karten mindestens zwei Aufgaben legen (Plus- und Minusaufgabe) und dazu die entsprechende Darstellung mit den Mengenbildern zeigen.

Spiel „Goldene Elf" (nach Frieda Schnebele)

Für dieses Spiel in der Großgruppe benötigen Sie einen großen Würfel (die Würfelsechs soll von Ihren Schülern für das Rechnen in der Vorstellung „übersetzt" werden in die 5 und 1). Teilen Sie Ihre Klasse in 2 Gruppen ein. Es wird abwechselnd gewürfelt.
Die Zahlen werden so lange addiert, bis die Menge größer als 11 ist. Dann geht das Spiel rückwärts (also Subtraktion). Die Gruppe, die zuerst genau auf 11 kommt, gewinnt. Sie können natürlich auch andere Zahlen als goldene Zahl auswählen.

Trainieren der Schnelligkeit – Automatisierung

Wenn Sie den Eindruck haben, dass Ihre Schüler die Additions- und Subtraktionsaufgaben verstanden haben und lösen können, geht es darum, das schnelle Abrufen der Ergebnisse zu trainieren.
Sie können dafür die Rechenleiter (s. auch erster Band) zum Festhalten der Trainingsergebnisse einsetzen. Schreiben Sie vor dem Training alle Additions- und Subtraktionsaufgaben auf Kärtchen, evtl. mit der Möglichkeit einer Selbstkontrolle auf der Rückseite.
Lassen Sie – beispielsweise im Rahmen der Wochenplanarbeit – in einer vorher festgelegten Zeitdauer (ca. 5 min) einen Schüler die Aufgaben bearbeiten, während ein Mitschüler oder Sie darauf achten, dass die Ergebnisse korrekt sind. Ist dies nicht der Fall, wird eine Hupe/Klingel o.ä. betätigt und der Schüler muss die Aufgabe nochmals bearbeiten.
Nach Ablauf der Zeit soll er selbst die Kärtchen zählen sowie das Ergebnis in die Rechenleiter eintragen.
Zu Beginn des Trainings ist es möglich, alle Mengenbilder als optische Hilfe auf dem Tisch auszulegen, sodass Ihre Schüler die Möglichkeit haben, die erste Zahl als Würfelbild zu sehen und den Subtrahenden weg- bzw. den zweiten Summanden dazuzudenken.

Automatisierung – Rechenleiter

KV 10/1

Rechenleiter von _____

So viele Aufgaben konnte ich lösen

Datum

Anmerkungen:
Regelmäßig kann in diese Grafik in Form eines Balkens eingezeichnet werden, wie hoch der Schüler auf der Rechenleiter geklettert ist, d. h. wie viele Aufgaben er in der vorgegebenen und gleichbleibenden Zeit richtig lösen konnte.

Zehnerschiffchen

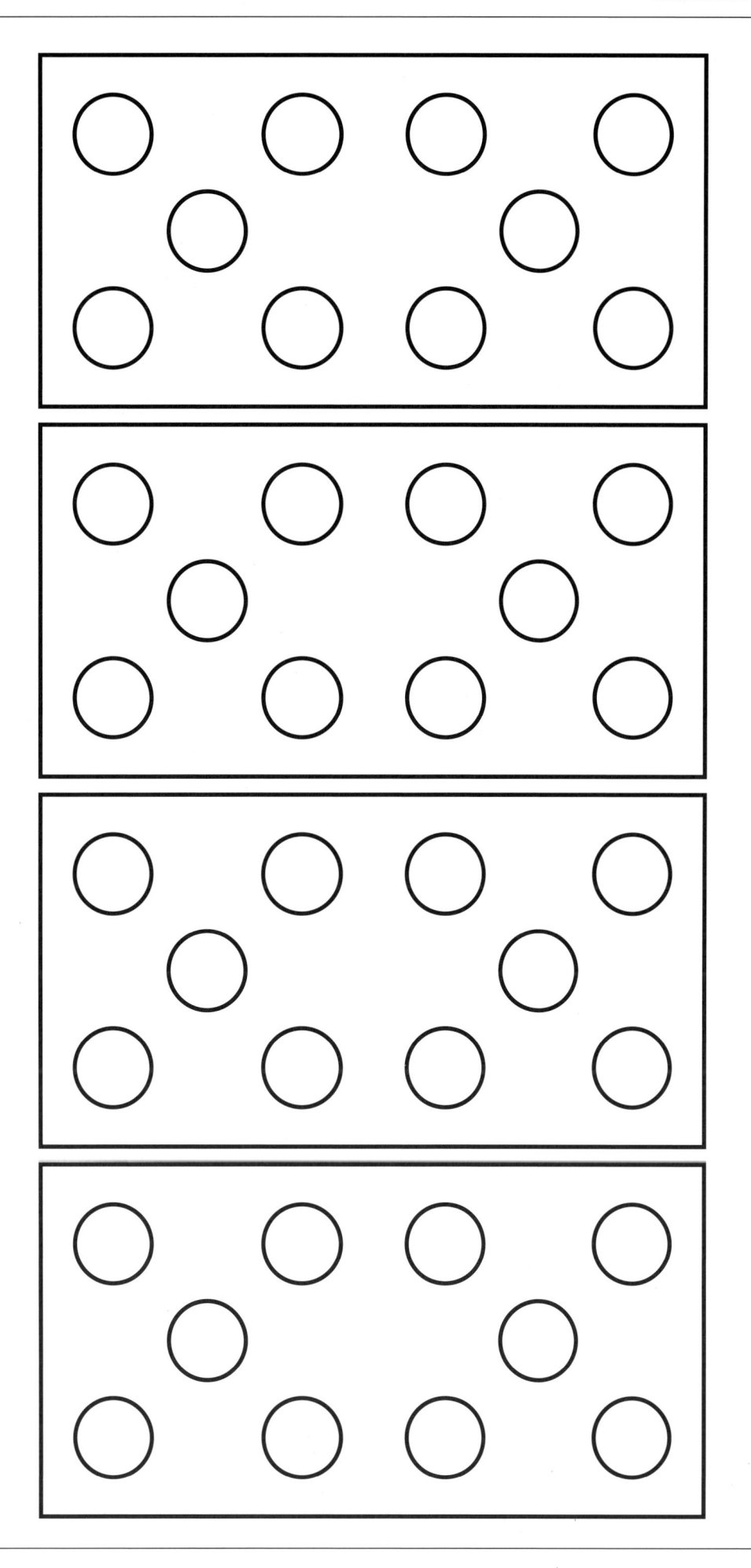

99

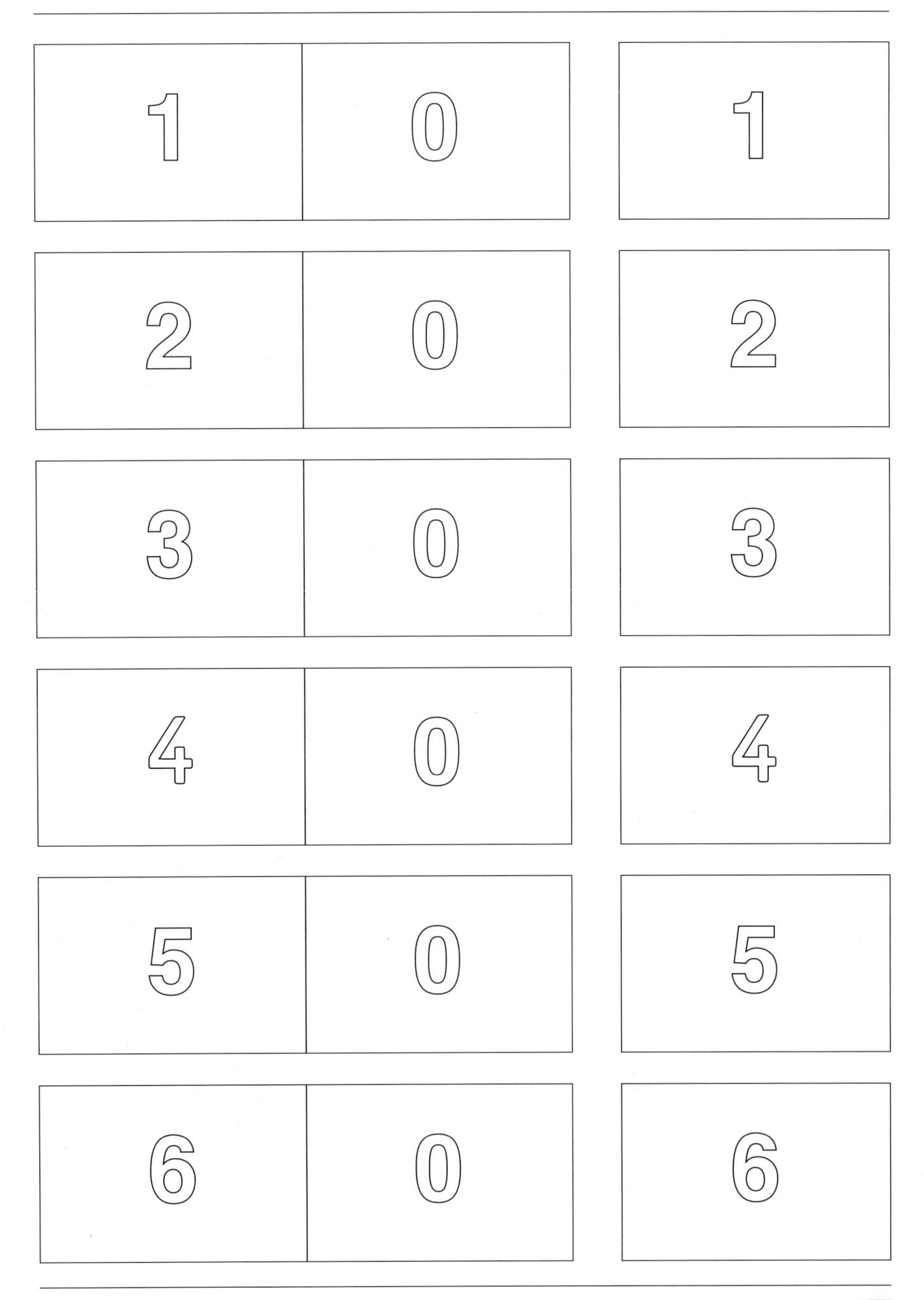

Stellenwertkarten

1	0		1
2	0		2
3	0		3
4	0		4
5	0		5
6	0		6

Stellenwertkarten

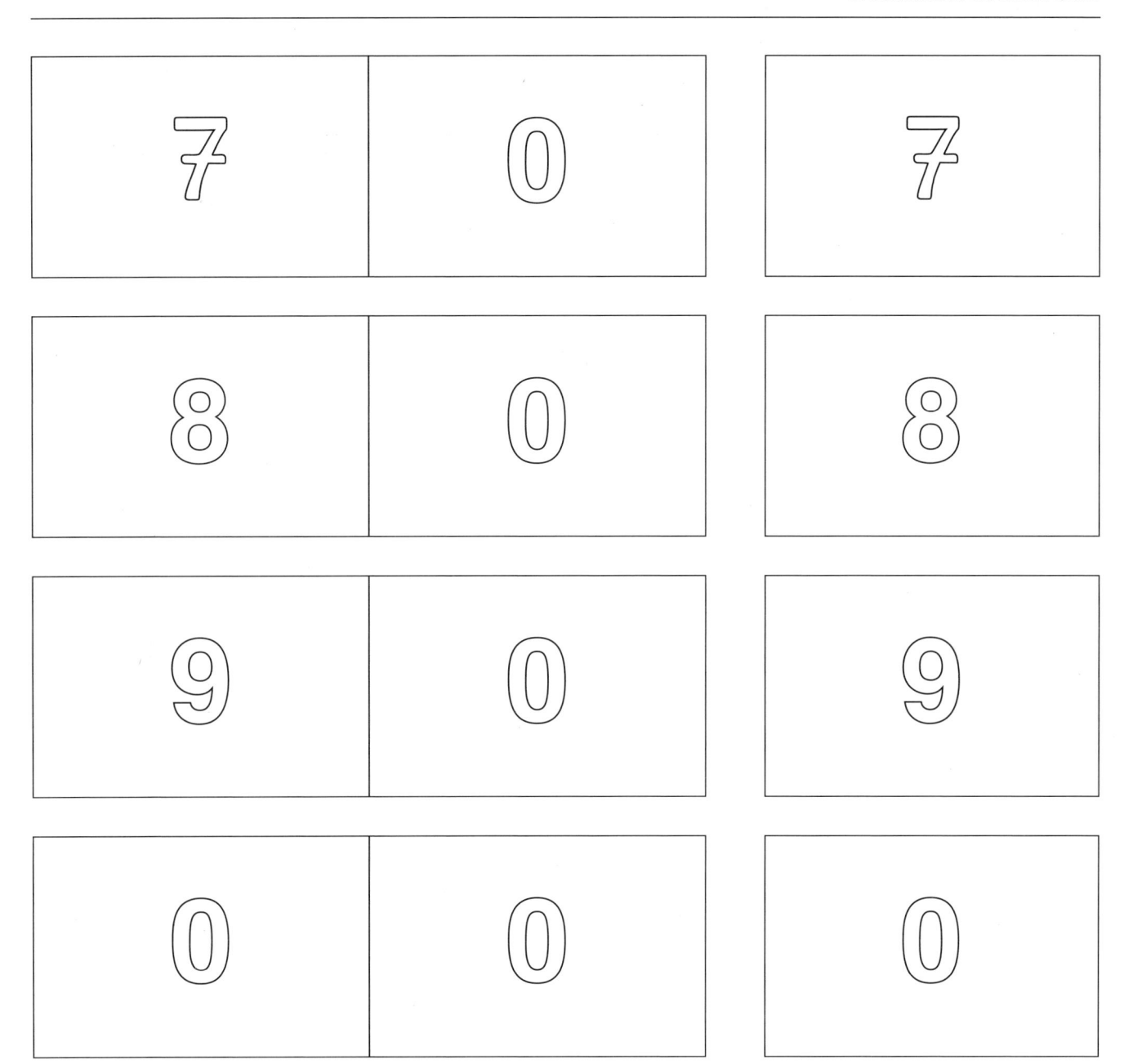

Jasmin Jost: Wir erobern den Zahlenraum bis 20
© Persen Verlag

Mengenbilder mit „Blick" zur 20 – Für die Hand der Schüler

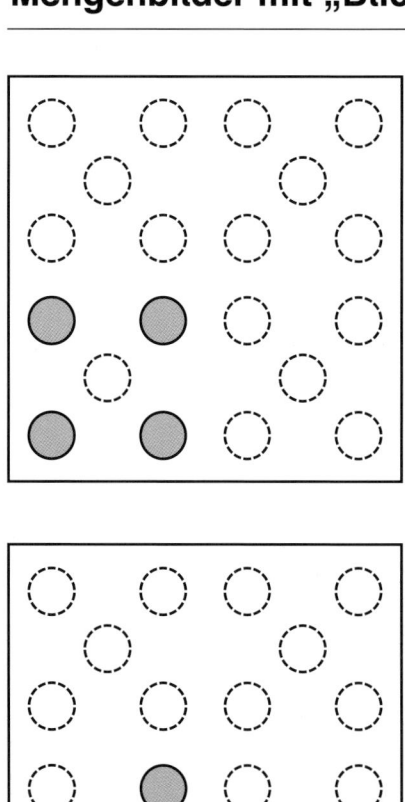

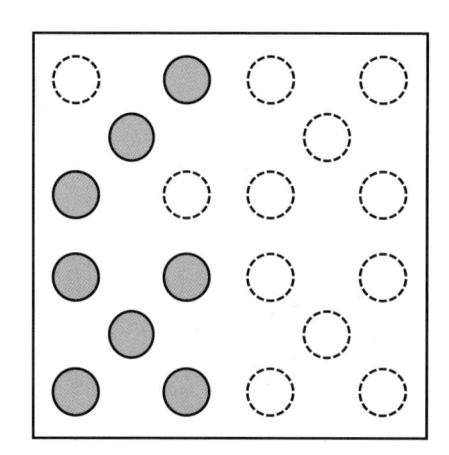

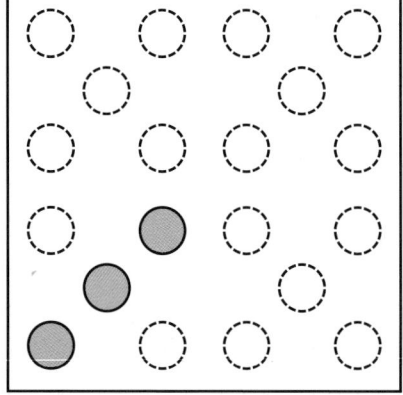

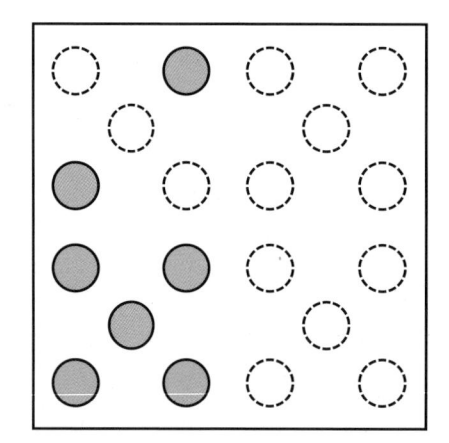

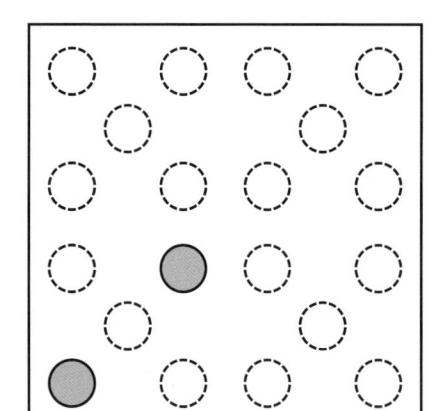

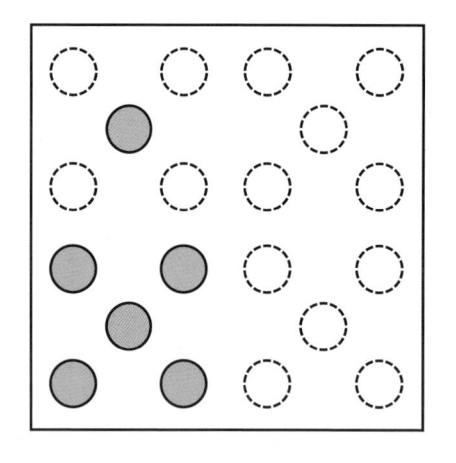

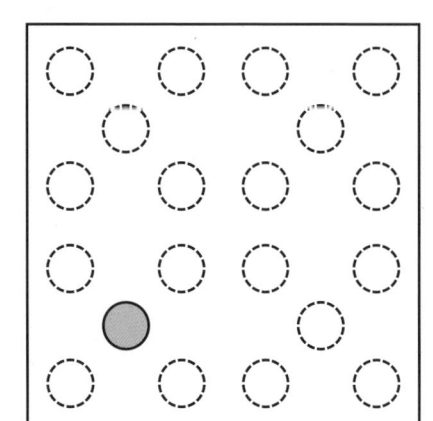

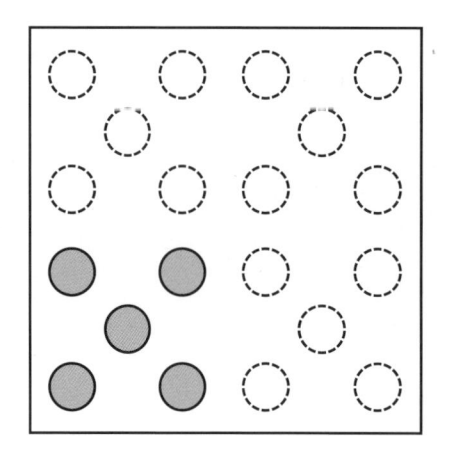

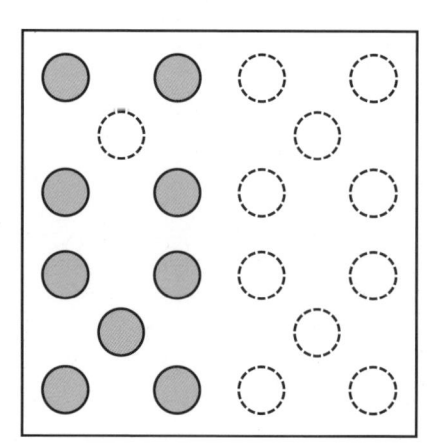

Karten von 1–9 mit „Blick" zur Menge 20

102   Jasmin Jost: Wir erobern den Zahlenraum bis 20
© Persen Verlag

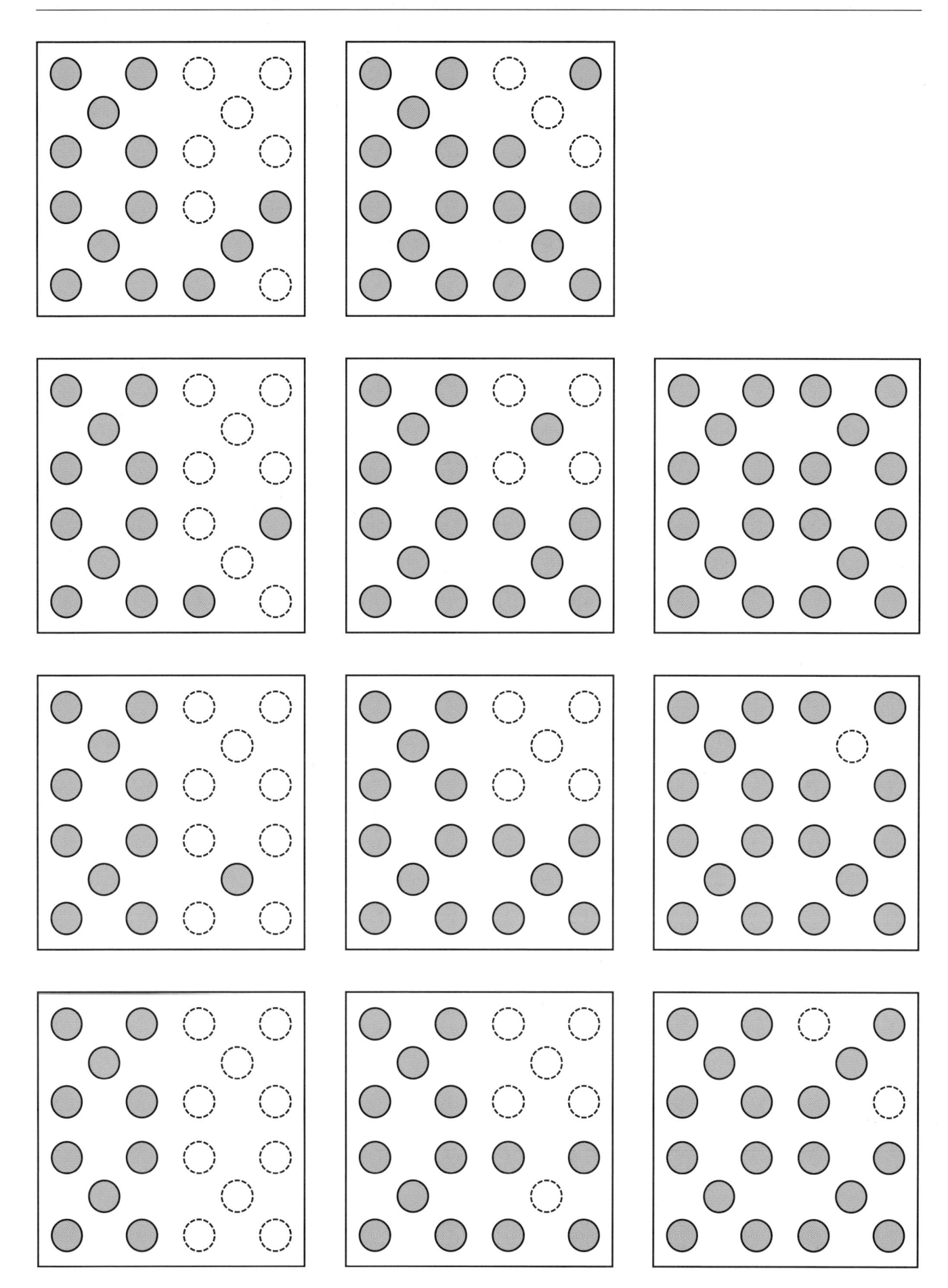

Mengenbilder mit „Blick" zur 20 – Für die Hand der Schüler

Mengenbilder

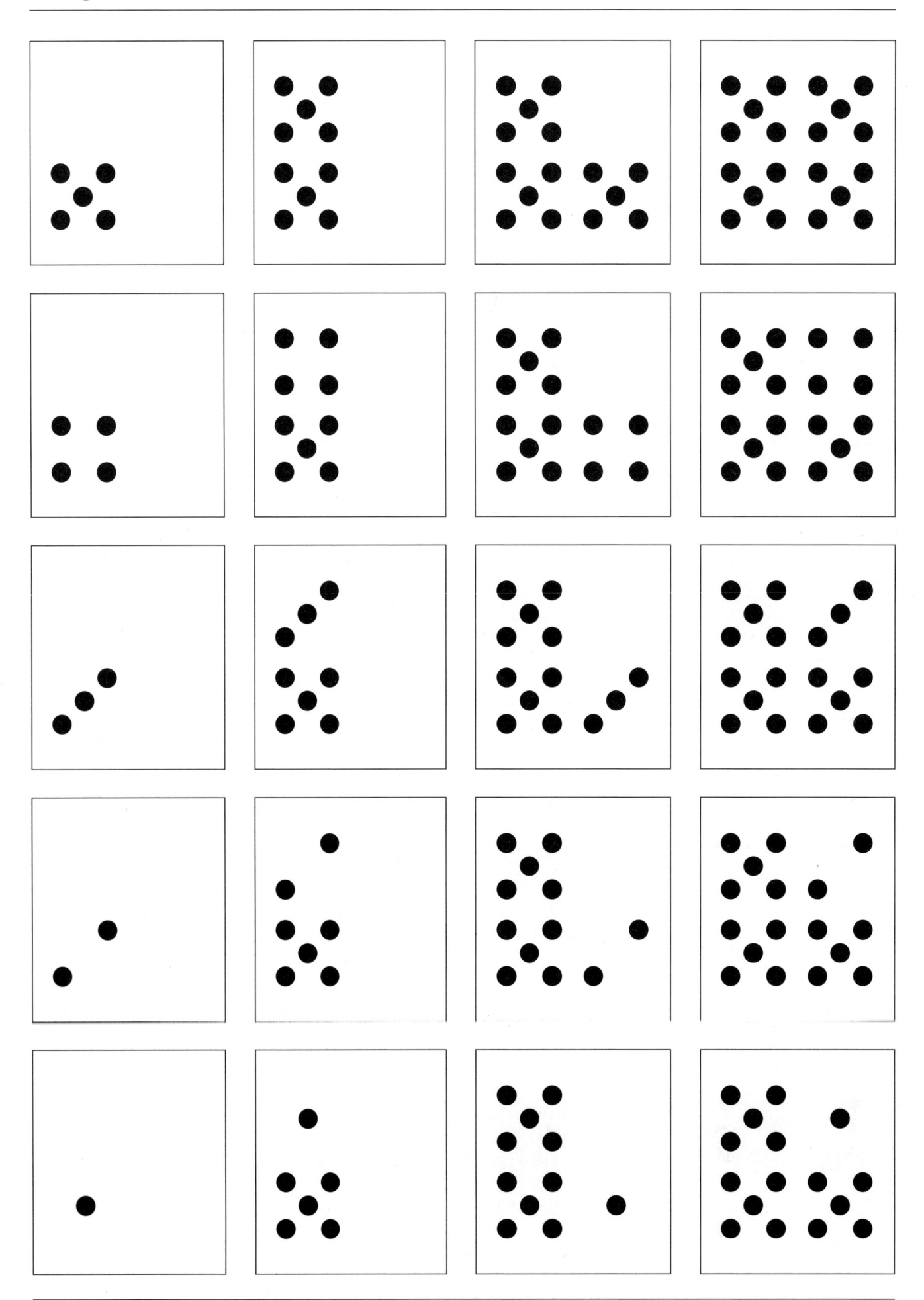

Zahlkärtchen – Mit 2 Farben nachspuren

5	10	15	20	
4	9	14	19	>
3	8	13	18	<
2	7	12	17	=
1	6	11	16	

Zahlkärtchen für die Arbeit in der Großgruppe (groß kopieren)

10	11
12	13
14	15

Zahlkärtchen für die Arbeit in der Großgruppe (groß kopieren)

16	17
18	19
20	

Mengenbildkärtchen für die Arbeit in der Großgruppe (groß kopieren)

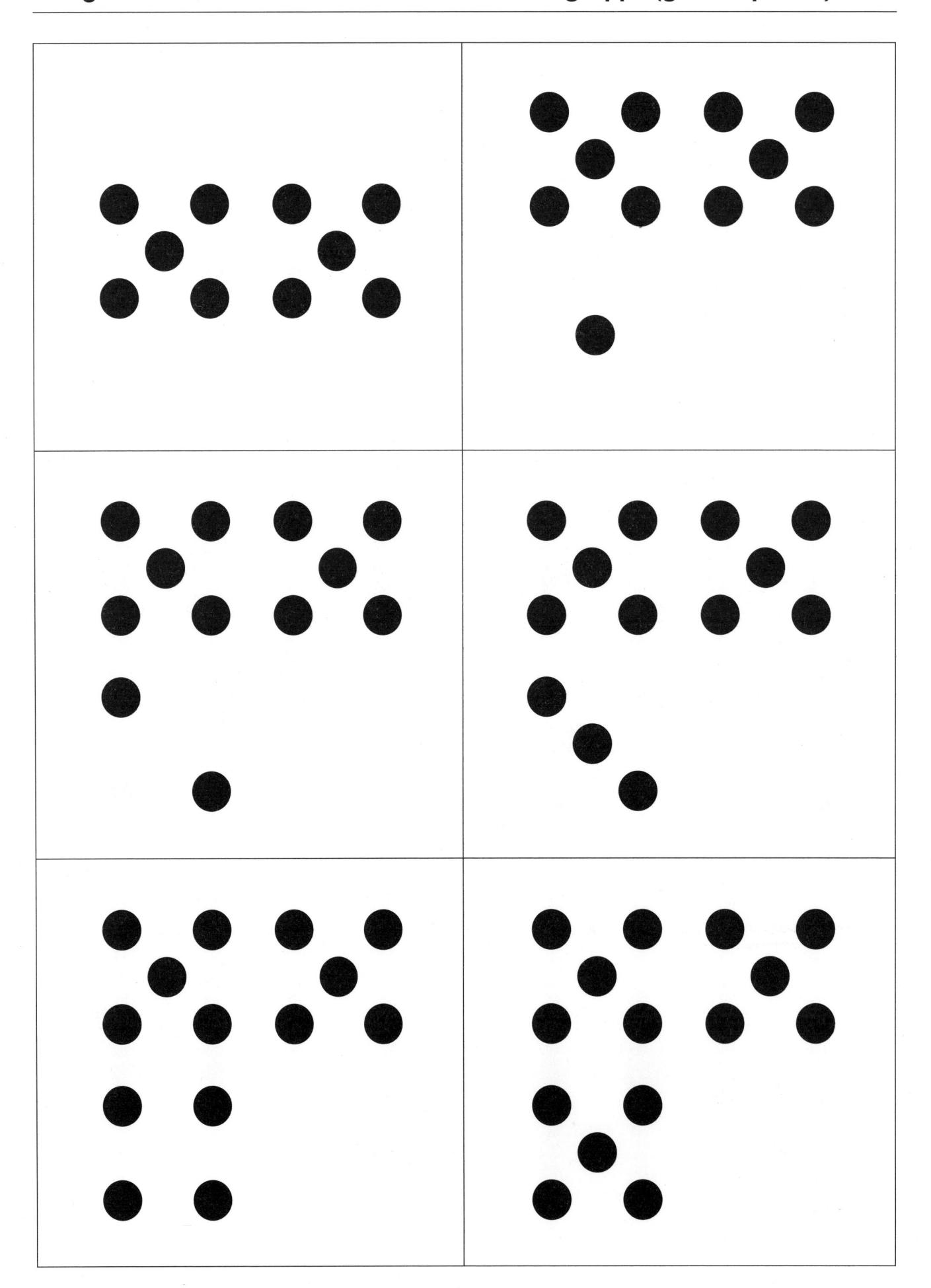

108

Mengenbildkärtchen für die Arbeit in der Großgruppe (groß kopieren)

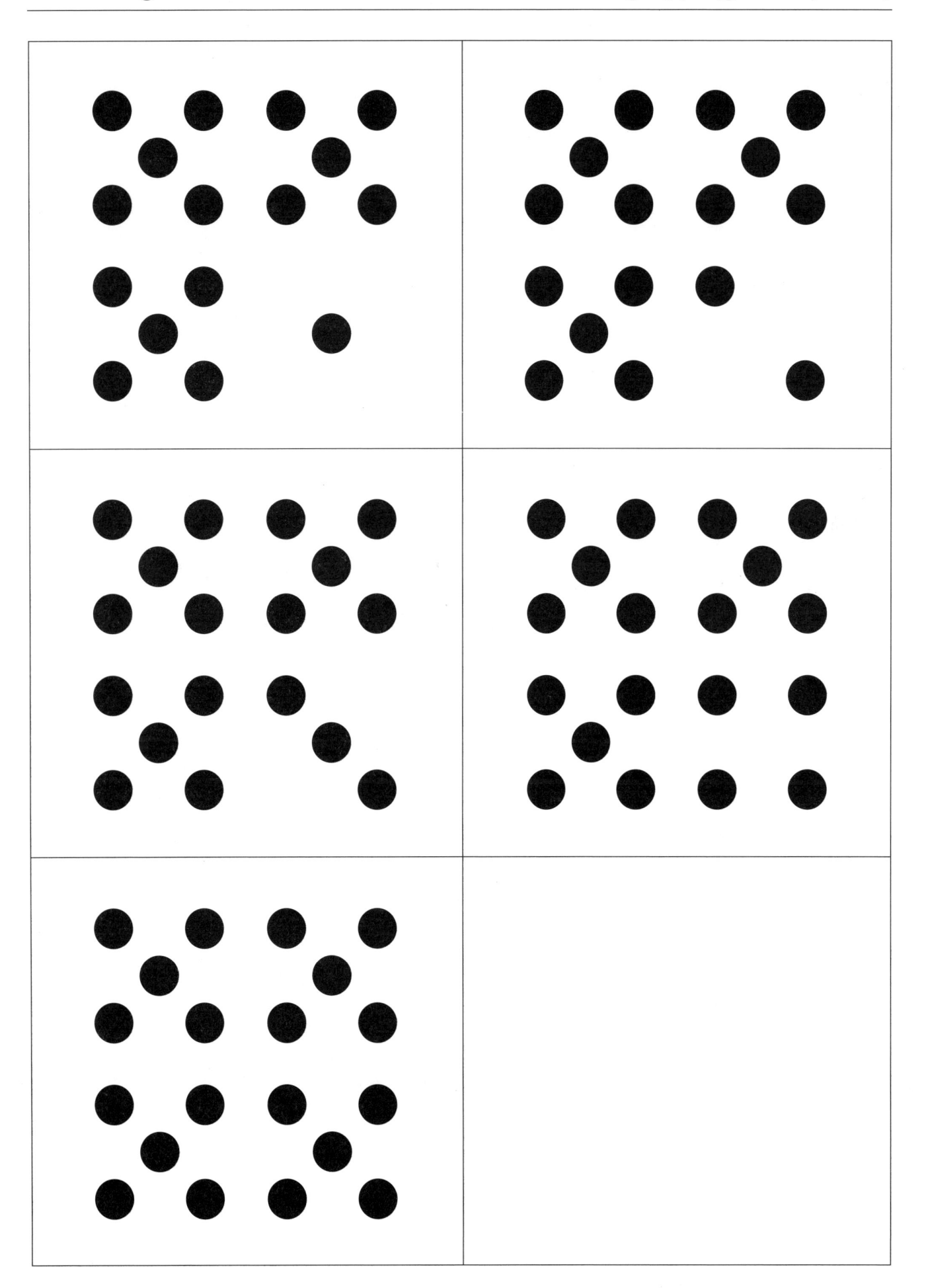

Lernprotokoll

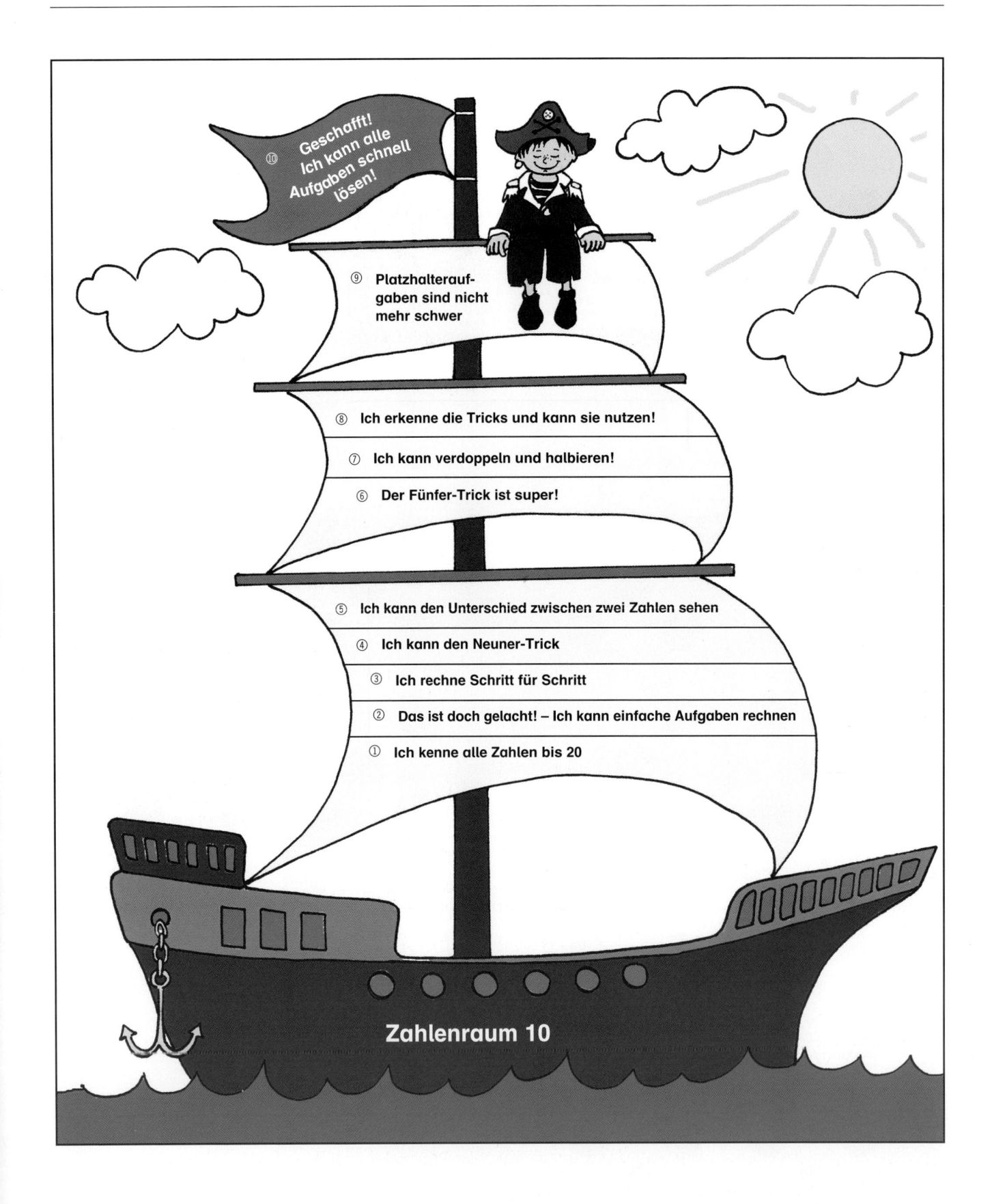

⑩ Geschafft! Ich kann alle Aufgaben schnell lösen!

⑨ Platzhalteraufgaben sind nicht mehr schwer

⑧ Ich erkenne die Tricks und kann sie nutzen!

⑦ Ich kann verdoppeln und halbieren!

⑥ Der Fünfer-Trick ist super!

⑤ Ich kann den Unterschied zwischen zwei Zahlen sehen

④ Ich kann den Neuner-Trick

③ Ich rechne Schritt für Schritt

② Das ist doch gelacht! – Ich kann einfache Aufgaben rechnen

① Ich kenne alle Zahlen bis 20

Zahlenraum 10

Sichere Orientierung im Reich der Zahlen!

Theo Blümer, Robert Gräve, Matthias Opitz
Zahle mit Zalo Zifferli

Unterrichtsvorschläge und Kopiervorlagen

Die Lernausgangslage richtig einschätzen, den Lernweg mit individuellen Übungen und Spielen bestimmen – genau dieses Prinzip liegt den Materialpaketen zugrunde. Zu jedem Lernschritt finden Sie viele detaillierte Unterrichtsvorschläge mit Lernzielen, Materialangaben und Kopiervorlagen.
Aus dem Inhalt: Umgang mit dem Euro: Münzen und Scheine erkennen, Waren mit dem Maßstab Geld bewerten, Geld wechseln und zählen, Beträge in Münzen und Scheinen herauslegen.
So wird systematischer Mathematikunterricht und individuelle Förderung unter einen Hut gebracht!

Buch, 125 Seiten, DIN A4
5. bis 9. Klasse
Best.-Nr. 3893

Claudia Omonsky, Bettina Seidel
Lernpalette Mathematik

Schüler mit geistiger Behinderung arbeiten im Zahlenraum bis 10

Differenzierung ist in Ihrem Unterricht das A und O. Dieses Buch stellt Ihnen differenzierte Materialien in Verbindung mit einem neuen Konzept für die Unterrichtsplanung zur Verfügung. Aufgaben und Materialien zu folgenden Themen werden auf 5 Lernpaletten mit je zwei Differenzierungsebenen präsentiert: Pränumerischer Bereich, Erarbeitung einer Ziffer, Erarbeitung des Zahlenraums bis 10, Nachbarzahlen, Addition und Subtraktion.
So kombinieren Sie für jedes Kind individuelle Lernreihen!

Buch, 87 Seiten, DIN A4
1. bis 9. Klasse
Best.-Nr. 3633

Diana Fürstner
Mathematik für Schüler mit geistiger Behinderung
ZR bis 10: Ziffern und Mengen

Mit diesen Übungen werden die Ziffern und Mengen im Zahlenraum bis 10 strukturiert gelernt und trainiert. Der immer gleiche Aufbau bietet Ihren Schülerinnen und Schülern eine klare Orientierung. Um die Mengen auch in unterschiedlicher Anordnung immer wieder zu erkennen, werden sowohl Anordnungen in einer 10er-Reihe als auch in zwei 5er-Reihen sowie lineare und nicht lineare Anordnungen angeboten. So können die Mengen und Zahlen geübt und gefestigt werden. Insgesamt steht eine Fülle an Übungsmaterial zur Verfügung. Zusätzlich gibt es weitere Materialien auf CD sowie Blanko-Vorlagen zum Erstellen von eigenen Materialien.
Aus dem Inhalt: Ziffern schreiben, Mengen zuordnen, Abzählen von Bildern, Punkten und Perlen
Ziffern schreiben und Mengen zuordnen: So legen Sie die Basis für den Zahlenraum bis 10!

Buch, 96 Seiten, DIN A4, inkl. CD
1. bis 6. Klasse
Best.-Nr. 3288

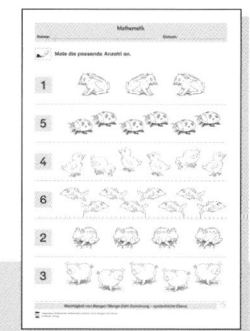

Arbeitskreis Mathematik
Mathematik praktisch: Erste Mengen und Zahlen
Lernaktivitäten und Arbeitsmaterialien für Schüler mit geistiger Behinderung

Endlich ein Materialpaket, mit dem Sie Ihren Mathematikunterricht ganz auf die Bedürfnisse Ihrer Schüler ausrichten können. Das Buch im praktischen DIN-A5-Format bietet Ihnen umfassende Hinweise zur Unterrichtsgestaltung sowie zu Lernaktivitäten rund um das Thema Mengen und Zahlen im Zahlenraum bis 10. Die vorgestellten Lernaktivitäten beziehen sich dabei explizit auf die vier verschiedenen Lernebenen – ganzkörperlich-somatisch, konkret-handelnd, bildlich, symbolisch. So werden Schülern vielfältige Zugänge zum Thema ermöglicht und Sie können ganz gezielt auf die unterschiedlichen Lernvoraussetzungen Ihrer Schüler eingehen. Dank des perforierten Rands können alle Seiten des Buchs leicht herausgetrennt und so als praktische Kartei genutzt werden. Auf der beiliegenden CD befindet sich eine umfassende Sammlung an Arbeitsblättern und Fotos, passend zu den vorgestellten Unterrichtsideen.
Lehrerkartei mit Unterrichtshinweisen und über 190 Seiten Arbeitsmaterial zum Thema Mengen und Zahlen auf CD!

Buch, 53 Seiten, DIN A5, inkl. CD
1. bis 6. Klasse
Best.-Nr. 23215

Unser Bestellservice:

Das komplette Verlagsprogramm finden Sie in unserem Online-Shop unter

www.persen.de

Bei Fragen hilft Ihnen unser Kundenservice gerne weiter.

Deutschland: ℡ 040/32 50 83-040 · Schweiz: ℡ 052/366 53 54 · Österreich: ℡ 0 72 30/2 00 11

Lebenspraktisches Lernen!

Sabine Bott, Kathrin Hauck
Lebenspraktisches Lernen: Uhrzeiten
Materialien für Schüler mit geistiger Behinderung

Pünktlich zu Verabredungen mit Freunden kommen, Termine bei Ärzten wahrnehmen, Arbeitszeiten einhalten – Uhrzeiten lesen zu können ist unbestritten eine der wichtigsten Fähigkeiten, die zur Bewältigung von Alltagssituationen benötigt wird. Umso wichtiger, das Lesen der Uhr gründlich einzuüben und nachhaltig zu festigen! Besonders für Schüler mit dem Förderschwerpunkt Geistige Entwicklung ist das Thema Uhrzeiten jedoch sehr abstrakt, sodass sehr viel Übungsmaterial benötigt wird. Das erhalten Sie nun mit diesem umfassenden Materialpaket. Nach der Erarbeitung der Tageszeiten, dem Kennenlernen des Tagesablaufs und des Aufbaus der Uhr steht das konkrete Uhrzeitentraining im Mittelpunkt der Arbeitsmaterialien. In sehr kleinen Schritten wird die Fähigkeit, Uhrzeiten lesen zu können, nach und nach aufgebaut. Die beiliegende CD enthält alle Arbeitsblätter des Bandes im veränderbaren Word-Format, die Lösungen zu den Arbeitsblättern sowie eine Vielzahl an motivierenden Lernspielen. **Üben rund um die Uhr – lebenspraktisch, handlungsorientiert, nachhaltig!**

Buch, ca. 120 Seiten, DIN A4, inkl. CD
4. bis 9. Klasse
Best.-Nr. 23187

Monika Macheit
Lebenspraktisches Lernen: Wohnen und Haushalt
Materialien für Schüler mit geistiger Behinderung

Eigene Wohnung, Wohngemeinschaft, Außenwohngruppe oder Wohnheim – die Wohnmöglichkeiten für Menschen mit geistiger Behinderung sind mittlerweile vielfältig. Doch egal welche Wohnform für Ihre Schüler die geeignetste ist, mit dem vorliegenden Material bereiten Sie sie bestens auf das Leben in den eigenen vier Wänden vor. Der Band bietet eine Sammlung an einfachen und klar strukturierten Arbeitsblättern und Materialien zu allen wichtigen Belangen rund um die Themen Wohnen und Haushalt. Dabei geht es um ganz praktische Fragen wie zum Beispiel: Was kostet eine Wohnung? Wie putze ich die Küche oder das Bad? Wie geht das mit dem Wäschewaschen? Aber auch die persönliche Selbsteinschätzung spielt eine wichtige Rolle, wenn es um Fragen geht wie: Was kann ich allein und wobei brauche ich Hilfe? Konkrete Anregungen zur Unterrichtsgestaltung sowie eine CD mit Bildkarten, Checklisten und allen Arbeitsblättern im veränderbaren Word-Format vervollständigen den Band.
Ob eigene Wohnung, Wohngruppe oder Wohnheim – so bereiten Sie Ihre Schüler auf ein eigenständiges Leben vor!

Heft, 60 Seiten, DIN A4, inkl. CD
7. Klasse bis Werkstufe
Best.-Nr. 23209

C. Kremer, U. Löffler, I. Schick
Lebenspraktisches Lernen: Lebensmittel einkaufen/ Geld/Verkehrssicherheit/ Hygiene und Gesundheit
Materialien für Schüler mit geistiger Behinderung

Viele alltägliche Handlungen müssen von Schülern mit geistiger Behinderung mühsam und kleinschrittig trainiert werden. Die vier Bände bieten daher eine Fülle an direkt einsetzbaren Materialien, um auch diesen Schülern selbstständiges Handeln zu ermöglichen. Der lebenspraktische Bezug steht klar im Vordergrund. Differenzierte Arbeitsblätter helfen Ihnen, den Unterricht individuell auf die unterschiedlichen Voraussetzungen der Schüler abzustimmen. Die den Bänden „Geld" und „Verkehrssicherheit" beiliegende CD liefert jeweils Arbeitsblätter sowie eine Sammlung von Spielen in Farbe.

Aus dem Inhalt:
Lebensmittel einkaufen – Wir gehen zum Bäcker, Metzger, in den Supermarkt, Lebensmittel zuordnen, Wimmelbilder und Logos erfassen
Geld – Scheine und Münzen erkennen, benennen, unterscheiden und zuordnen, Wertigkeit erfassen, Rechnen mit Geld
Verkehrssicherheit – Sicher auf Gehweg und Radweg, eine Straße überqueren, Verkehrszeichen und -regeln, Das verkehrssichere Fahrrad
Hygiene und Gesundheit – Hände waschen, Rund um die Toilette, Duschen, Beim Schwimmen
So lernen Schüler mit geistiger Behinderung spielerisch, sich im Alltag zurechtzufinden!

Lebensmittel einkaufen	**Geld**	**Verkehrssicherheit**	**Hygiene und Gesundheit**
Buch, 112 Seiten, DIN A4	Buch, 76 Seiten, DIN A4, inkl. CD	Buch, 84 Seiten, DIN A4, inkl. CD	Buch, 96 Seiten, DIN A4
1. bis 4. Klasse	5. bis 9. Klasse	3. bis 6. Klasse	1. bis 6. Klasse
Best.-Nr. 3206	Best.-Nr. 3208	Best.-Nr. 23116	Best.-Nr. 23136

Unser Bestellservice:

Das komplette Verlagsprogramm finden Sie in unserem Online-Shop unter

www.persen.de

Bei Fragen hilft Ihnen unser Kundenservice gerne weiter.

Deutschland: 040/32 50 83-040 · Schweiz: 052/366 53 54 · Österreich: 0 72 30/2 00 11